KB217197

번뇌 속의 자유

번뇌 속의 자유

초판 1쇄 발행 2023년 10월 16일

지은이 최명술(성견)
펴낸이 이기봉
편집 좋은땅 편집팀
펴낸곳 도서출판 좋은땅
주소 서울특별시 마포구 양화로12길 26 지월드빌딩 (서교동 395-7)
전화 02)374-8616~7
팩스 02)374-8614
이메일 gworldbook@naver.com
홈페이지 www.g-world.co.kr

ISBN 979-11-388-2395-1 (03220)

• 가격은 뒤표지에 있습니다.

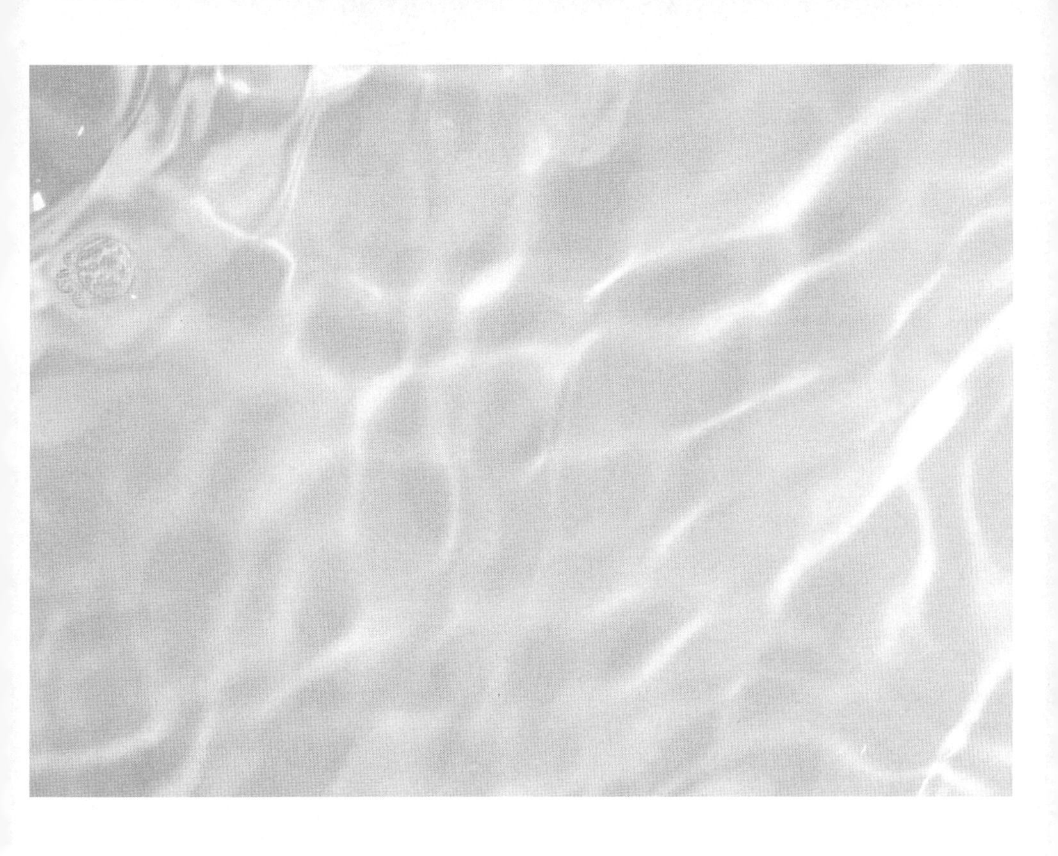

번뇌 속의 자유

최명술(성견) 지음

좋은땅

| 머리말 |

선가(禪家)에서 '번뇌 즉 보리'라는 말이 있다. 보리란 '깨달음'을 뜻하는 말로 '번뇌는 바로 깨달음'이라는 뜻이다. 예전에는 이 말 뜻을 참 이해할 수 없었다. 번뇌란 오욕 칠정에 물든 사바세계를 대표하는 말이고, 깨달음이란 그야말로 맑고 청정한 세계를 뜻하는 말인데 어떻게 사바세계가 청정한 세계를 뜻하는지 도무지 이해할 수가 없었다.

더구나 선문답을 보면 더욱 그러했다. 부처가 똥 막대기라거나, 살불살조(殺佛殺祖)라거나, 달마가 중국으로 온 이유가 뜰 앞에 잣나무라든가, 하는 말들은 도대체 언어로서 표현할 수 없는 말장난처럼 느껴지곤 했다. 마치 그것은 절벽에 맞닿은 느낌으로 내 머리로서 도저히 이해할 수 없는 딴 세상 사람들의 언어 같았다.

하지만 시간이 지나고, 어느 순간인가 이 말들이 너무나 쉽게 다가왔다. 마치 막혔던 구멍이 뚫리듯 한순간에 그 많은 선문답들이 시원하게 이해된 것이다. 너무나 쉽게, 너무나 우습게. 그리고 겨우 이것 하나 알기 위해서 그 많은 시간을 허비했는가? 나 자신이 참 한심하게 느껴지기도 했다. 그만큼 선문답은 말만 선문답이지, 알고 보면 어느 선사 말대로 코 만지기보다 쉬운 것이다.

선문답은 하나의 진리를 말하고 있다. 그리고 그 진리를 실생활에서 어떻게 활용하는가에 초점이 맞춰 있다. 그러면 그 진리란 무엇인가? 굳이 언어로 표현한다면 우리가 『금강경』이나 『반야심경』에서 많이 접할 수 있는 언어로 '무(無)'나 '공(空)' 또는 무상(無相)이라고 말할 수 있고, 남방불교의 무아(無我)이며 조금 응용한 진리적 표현으로 '마음'이 진리이다.

그리고 그것을 실생활에서 활용한 언어가 다른 말로 '불이(佛二)'이며, 반야경의 색즉시공 공즉시색(色卽是空 空卽是色)이며, 선가의 말로는 '번뇌 즉 보리'라는 말이다. 다시 말하면 '번뇌 속에 자유'가 있다는 말이다. 이 뜻을 정확하게 이해한다면 불교 공부는 끝이다.

조주에게 한 스님이 물었다.

"이제 막 총림에 들어왔습니다. 선사께서는 한마디 일러 주십시오."

"죽은 먹었는가?"

"먹었습니다."

"그럼 발우를 씻어라."

이 말을 듣고 스님이 홀연히 깨달았다.

'평상심이 도(道)'라는 말과 같은 의미이다. 이 세상 모든 것이 도(道)라는 이야기이다. 죽 먹고, 밥 먹고, 발우 씻고, 영화 보고 음악 듣고…. 일체의 모든 것들이 도라는 뜻이다. 그런데 선사와 범부의 차이점은 선사는 죽 먹고, 발우 씻는 그 근본을 아는 것이고, 범부는 그 근본을 알지 못하는 차이이다. 그래서 선사는 근본(진리)을 알지 못하는 범부를 깨우치기 위해 별의별 말장난 같은 선문답을 했던 것이다.

어떤 스님은 '불교는 종교가 아니라 불교는 진리를 찾기 위한 테크놀로지(기술)라고 말하시는 분도 있다. 그 스님 말에 전적으로 찬성하지는 않지만 불교는 진리를 찾는 공부라는 것에 동의한다.

시대는 정말 급변하고 있다. 4차 혁명이 다들 눈앞에 다가왔다고 이야기하며 시대가 변하고 있음을 과학자들은 말하고 있다. 이런 시대에 우리 불교는 어떻게 변해야 하는가도 관건이 아닐 수 없다.

하지만 진리는 어떤 시대가 도래하여도 변하지 않는 것이 진리이다. 만법이 공(空)이라는 진리는 아무리 4차, 5차 혁명이 온다 해도 변함이 없다. 오히려 그 시대에는 그 공(空)을 좀 더 과학적으로 뚜렷하게 보여 주는 시대가 될지도 모른다.

이 책은 진리를 찾는 지혜를 우선 갖추기 위해 기본이 충실해야 한다는 생각 하에 생활에서 느끼는 지혜와 불교에 대한 지혜, 그리고 수행, 진리, 깨달음 편으로 점점 깊이를 더해 가며 독자들이 읽어 갈 수 있도록 편집하였다. 그리고 예전의 선과 명상이 어려움이 있다는 것을 감안하여 되도록 쉽게 선을 접할 수 있게 글을 썼으며, 간단한 요체를 원하는 현대인들을 위해 지루하지 않게 짧게 단편적 글로 정리하였다.

미력하나마 수행에 힘이 되었으면 좋겠다.

최명술(성견)

목차

• 1장 •

입선(入禪)을 위한 지혜

일상이란 『금강경』 말대로 하면 모두 껍데기에 불과합니다. 하지만 이 세상에 태어난 이상 껍데기일지라도 우리는 의미를 두고 살아야 하고, 이왕 살아갈 바에는 즐겁고 행복하게 살아야 합니다. 즐겁고 행복하게 살기 위해서는 나름의 질서가 있어야 하고, 삶의 지혜가 있어야 합니다.

1절 • 생활 편

1

얼마 전 도반 사찰에 구경 갔다가 참 아름다운 풍경을 보았습니다. 멀리 보이는 숲과 조화를 이루고 있는 꽃들이 무슨 동화에서 나오는 것처럼 아름다웠습니다. 그래서 '도대체 무슨 꽃이 저처럼 아름답지?' 궁금해하며 그곳을 가 보았습니다. 그러나 가까이 가 본 순간 실망감으로 괜히 왔다는 생각을 했습니다. 그저 이름 모를 평범한 꽃들이 듬성듬성 피어 있을 뿐이었습니다. 멀리 보았을 때는 아름다운데 가까이 보니 그저 그런 꽃이었습니다.

우리들의 삶도 그런 것 같습니다. 멀리 그리움으로 있을 때는 좋은데 막상 그것을 성취하고 나면 그저 그런 일상으로 남는 것 같습니다. 해외여행도 그렇고, 맛집도 그렇고, 사고 싶은 것을 샀을 때도 그렇고, 또한 사람과 사람 사이도 그런 것 같습니다. 그렇게 그리웠던 사람도 함께 지내다 보면 상처받고 아파하는 것이 인간 세상인 것 같습니다.

그래서 누군가 말했듯 '인생은 멀리서 보면 희극, 가까이 보면 비극'이라는 말이 실감납니다. 멀리 그리움으로 두고 있을 때가 아름다운 것 같습니다.

2

산에 나무들의 새순이 나오기 시작했습니다. 어린 새순들은 어떤 나무들을 망라하고 예쁩니다. 나무들뿐만 아니라, 어린 생명들은 어떤 것들을 보아도 예쁘고, 귀엽고 앙증맞습니다.

그런데 가을이 오면 모든 나무들의 이파리들이 아름답지가 않습니다. 나무뿐만 아니라, 모든 생명들의 황혼 무렵의 외모는 그다지 아름답지가 않습니다. 말라비틀어지고, 늙고, 처지고, 예쁘지가 않습니다. 젊은 날 빼어나게 예쁘던 여배우들도 나이가 들면 탄력 있는 미모가 사라져 안타까울 때가 있습니다.

하지만 비록 외모가 아름답지 못하다고 해서 내면까지 아름답지 못하다는 것은 있을 수 없습니다. 아름다운 생각, 아름다움 마음, '나는 누구인가?' '도대체 마음이란 어떤 것인가?' 등등의 이런 생각들로 깊어지는 의식의 세계로 인하여 내뿜는 카리스마 같은 아름다움이 있습니다. 그것이 바로 내면의 아름다움입니다.

이 내면의 아름다움은 오랜 세월 갈고 닦은 내공의 힘을 내뿜고 있기 때문에 감히 함부로 할 수 없는 아름다움입니다. 외적인 아름다움보다 더 오래 향기를 품는 기품 있는 아름다움입니다.

3

우리들은 가끔 우리가 가지지 못한 것에 대한 환상이나 동경을 가지고 있습니다. 가난한 사람은 부자나 재벌에 대한 동경을, 지위가 낮은 사람은 지위가 있는 사람을, 학벌이 부족한 사람은 학벌이 좋은 사람을, 건강치 못한 사람은 건강한 사람을, 평범한 일상을 살아가는 사람은 연예인 같은 특출 난 사람을, 도시 사는 사람은 시골의 전원생활을, 그리고 이웃집 아내나 친구 남편 같은 사람을….

하지만 우리가 그렇게 동경하고 부러워하는 사람들의 살아가는 모습을 보면 사실 오십보백보, 도긴개긴입니다. 돈 많은 재벌은 더 많은 돈을 벌려고 골치가 아프고, 지위가 높은 사람들은 더 높이 올라가려 안달하고, 학벌이 좋은 사람은 누구에게 뒤처질 세라 책상 앞에서 끙끙대어야 합니다. 멋있게 보이는 이웃집 남편이나 아내도 살아 보면 그 사람이 그 사람이고, 그 여자가 그 여자입니다.

인간의 사는 모습이란 나와 다를 것 같아도 속을 들여다보면 다 그 모양이 그 모양입니다. 속인들이 가끔 부러워하는 스님들의 생활도 그 속을 들여다보면 인간 세상과 하나도 다를 것 없이 속 썩고 힘들고 그렇습니다. 나이 들어도 역시 마찬가지입니다. 그 세계, 그 또래들과 만나면 칭찬받고 싶고, 사랑받고 싶고, 나를 내세우고 싶은 마음은 다 똑같습니다. 희로애락의 삶은 젊으나 나이 들으나, 높으나 낮으나, 지위고하 동서고금을 막론하고 다 똑같습니다.

중요한 것은 지금 이 자리에서 내가 가지고 있는 것에 대한 '감사함'을 느끼고 살고 있는지? 그것이 중요한 척도일 뿐입니다. 감사함은 행복과 만족을 느끼게 해 주는 요인이기 때문입니다.

물론 감사할 것이 없다고 생각하는 사람이 있을지 모르겠습니다. 하지만 돌아보면 내가 가지고 있는 것이 아무것도 없는 것 같아도 우리는 가진 것이 너무 많다는 사실입니다. 걸을 수 있는 다리를 가지고 있고, 볼 수 있는 눈이 있고, 먹을 수 있고…. 생각해 보면 참으로 감사할 것이 한두 가지가 아닙니다.

그렇듯 누구나 가질 수 있는 지극히 평범한 삶에서, 진정 감사하며 살 수 있는 인생은 성공한 인생입니다.

4

우리는 남의 인생보다도 내 인생을 우선시합니다. 여럿이 찍은 사진에서도 주로 보는 것은 나의 얼굴입니다. 그만큼 남보다는 내 인생이 중요하다는 의미입니다. 따라서 우리는 남보다도 나의 잣대대로 세상을 바라봅니다.

이것을 불교적 용어로 이야기하면 아상(我相)이라고 말하고, 이것이 강할수록 '아상이 크다'라고 말합니다. 이 아상이 극단적으로 가면 사이코패스가 됩니다. 나의 아픔만 있지, 남의 아픔은 전혀 관심이 없는 상태가 됩니다. 그런 사람은 정상적인 사람이 아닙니다.

가장 정상적인 사람은 나의 인생이 중요하기 때문에 남의 인생도 중요하다고 생각하는 사람입니다. 나를 희생시켜서도 안 되며, 남을 희생시켜서도 안 됩니다. 나도 중요하고, 남도 중요시 여기는 것입니다. 이것을 흔히 win-win이라고 합니다. 생활에서 win-win할 때 가장 바람직하고, 늘 win-win하려는 사람이 가장 행복한 삶을 사는 것 같습니다.

내 인생이 소중하듯 남의 인생도 소중합니다. 나의 인생이 잘되기를 바라듯 남의 인생도 잘되기를 바라고, 나도 좋고, 너도 좋은 그런 방편을 찾아 오늘을 사는 것이 불자의 지혜롭고, 슬기로운 생활 태도라고 할 것입니다.

5

몇 년 전에 이세돌과 알파고의 바둑 시합을 '인간 대 로봇의 대결' 운운하면서 사람들은 많이 흥분했습니다. 그리고 미래의 알파고 시대를 예언하면서 앞으로 지능 로봇에 인간이 속박 당하는 날이 올지 모른다면서 염려하는 목소리도 있었습니다.

그러나 아무리 지능 로봇이 뛰어나다고 하지만 인간이 감성을 가지고 있는 한 인간을 뛰어넘을 수 있다고 보지는 않습니다. 인간이 가진 섬세한 감성은 기계로 표현 불가능한 것이니까요….

우리나라 사람을 한(恨)의 민족이라고 합니다. 그런데 이 한(恨)을 영어로 또는 외국말로 번역을 할 수 없다고 합니다. 우리나라의 한의 정서를 다른 나라 사람들이 모르기 때문입니다. 알파고가 아무리 인공 지능을 가졌다고 해도 배고픔의 고통과 서러움을 알 수 있을까요? 또는 늙고 병들어 가는 자기 나름대로의 정서를 인공 지능은 알 수 있을까요? 이별의 아픔을 알 수 있을까요?

알파고는 프로그램화 시킨 복제품으로 어디서나 똑같은 답변은 들을 수 있겠지만 인간 개개인이 가진 정서를 다 담아내지는 못합니다. 따라서 알파고는 기계일 뿐 인간의 감정을 담아내지는 못할 것입니다.

지능만 존재하는 알파고와 감성과 지성을 함께 겸비한 인간의 대결에서 알파고는 결코 인간을 지배할 수 없을 것입니다. 감성은 인간을 한데로 묶는 뜨거운 결속력을 발휘할 테니까요.

6

운전대 밑에는 엑셀과 브레이크가 나란히 있습니다. 엑셀은 속도를 올리는 것이고, 브레이크는 속도를 줄이는 것이라는 상식은 웬만한 사람이면 알고 있는 내용입니다. 그런데 '엑셀과 브레이크 중 어느 것이 좋으냐?'라고 묻는다면 그것은 좀 어이없는 질문일 것입니다. 자동차에서 엑셀과 브레이크는 다 같이 필요한 것이기 때문입니다.

하지만 우리네 인생에서 '엑셀과 브레이크 중 어느 것이 좋으냐?'라고 묻는다면 대체로 사람들은 엑셀을 원할 것입니다. 엑셀을 밟고 인생이 쭉쭉 뻗어 나가기는 누구나 바라는 소망이기 때문입니다. 그렇지만 엑셀만 있고 브레이크가 없다면 우리 인생은 어떻게 될까? 아마 자만심과 독선으로 스스로를 결국 망쳐 버릴 것이 분명합니다. 가끔 잘나가다가 패

가망신한 사람들이 뉴스의 방송을 타기도 합니다. 너무 엑셀만 밟다 보니 사고가 기다리고 있다는 사실을 알지 못한 끔찍한 이유일 것입니다. 가끔씩 자신을 되돌아보며 브레이크를 밟아 주었더라면 삶이 훨씬 안정적이고 편안했을 텐데 말입니다.

그리고 브레이크가 걸려 나가지 않을 때는 스스로 돌아보고, 뭐가 문제인지 성찰의 시간을 가지며 좀 더 마음의 여유를 갖는 것도 좋을 듯싶습니다. 삶이 잘 풀리지 않는다고 너무 성급하게 조급증을 내며 답답해할 필요성은 없습니다. 언젠가 기회는 반드시 오고 그 기회를 잘 포착하면 또다시 엑셀을 밟을 시기가 올 것이니까요.

그렇듯 우리들의 삶은 엑셀과 브레이크가 적절하게 조화를 이루어야 합니다. 그래야 삶이 안정되고 풍요로워질 수가 있습니다. 너무나 잘 나가면 사고가 기다리고 있고, 너무나 안 나가도 답답합니다. 적절한 조화 - 이때가 가장 안정되고 행복한 삶을 사는 것 같습니다.

7

어제는 페이스북에서 가까이 지내던 보살님과 어떤 일 때문에 처음으로 전화 통화를 했습니다. 그동안 페이스북에서만 제가 느낀 보살님의 이미지는 이름도 그렇고, 얼굴도 그렇고, 글도 그렇고, 조용하고, 차분하면서 한국적인 정서를 지닌 사람이라고 생각해 왔었습니다.

그런데 막상 전화를 하면서 느낀 목소리는 지적이고, 세련되고, 현대적인 도시 감각을 지닌 보살님이었습니다. 물론 한 번의 전화 통화로 그분의 성격을 함부로 말한다는 것이 잘못이지만 그래도 우리는 얼마나 많은 자기의 고정 관념과 이미지에 속아 세상을 사는지, 한번 되돌아보게 되었습니다.

우리는 사물을 볼 때 진실보다도 자기가 가지고 있는 색깔로 사물을 보려는 경향이 있습니다. 특히 사람을 만날 때는 첫인상이나 이미지로서 고정화시켜서 '그 사람은 이럴 것'이라고 미리 짐작하는 경우가 많습니다. 심한 경우에는 성씨나 어느 지역에 따라 그 사람을 미리 판단하는 경우도 있습니다.

그런 고정 관념이 가끔은 맞기도 하지만 진실을 왜곡하는 경우가 많습니다. 흉악범이 의외로 개인적으로 따뜻한 사람일 수도 있고, 사회적으로 존경하는 사람이 의외로 졸렬하고 유치할 수도 있습니다. 모두 이름과 껍데기에 속아 진실을 외면한 경우입니다. 있는 그대로의 진실보다는 '나'라는 주관에 따라 세상을 보고, 판단하고, 내 잣대로서 사물의 현상과 사람을 재고 있는 오류를 범하고 있는 것입니다.

그러고 보니 사람들은 나를 보는 이미지가 어떠할까? 불현듯 궁금하기도 합니다. 하지만 어쩌면 모두 각자 자기 이미지에 내 이미지를 더하여 나를 그리고 있을 것이 분명합니다. 우리는 '나'라는 색깔 있는 도화지를 마음으로 달고 살아갈 수밖에 없으니까요.

8

우리가 흔히 과거를 말할 때 시간상 오래 전의 일을 과거라고 부릅니다. 과거라는 말을 사전에서 찾아보면 과거란 '지나간 때' 또는 '지나간 동작이나 상태'를 말합니다. 그러면 지나간 시간이란 어디를 기준으로 지나간 시간이라고 말할까? 우리는 가끔 옆 사람에게 이렇게 시간을 물어보고 또 이렇게 대답합니다.

"지금 정확히 몇 시입니까?"

"예, 지금 정확히 4시 10분입니다."

하지만 그 대답은 거짓입니다. 엄밀하게 말하면 4시 10분이라고 말하는 순간, 시간은 4시 10분이 아닙니다. 4시 10분하고 몇 초가 지났고, 4시 10분은 지나간 시간입니다. 지나간 시간이기에 과거라고 말할 수 있습니다. 지금, 이 순간, 이 찰나가 지나면 과거가 됩니다. 따라서 시간에서 기준은 없습니다.

엄밀하게 말하면 현재라는 것도 없습니다. 현재라고 말하는 순간 현재가 지나가 버리고 말기 때문입니다. 그래서 어떤 의미로 우리의 삶은 환영인지도 모릅니다. 과거는 머릿속에만 있지 사라졌고, 현재는 없고, 미래는 아직 오지 않았기 때문에 존재하지 않습니다. 『금강경』의 과거심 불가득 현재심 불가득 미래심 불가득입니다(過去心不可得 現在心不可得 未來心不可得).

9

지구의 공전 속도를 아십니까? 초속 30㎞입니다. 즉 10초면 서울에서 부산을 가고 있다는 사실입니다. 초속 30㎞는 우리 눈으로 그 빠르기를 전혀 감지할 수가 없습니다. 전혀 볼 수가 없습니다. 그렇지만 분명히 지구는 태양 주위를 그렇게 돌고 있고 우리는 초속 30㎞라는 지구를 타고 우주를 여행하고 있는 것입니다.

그렇지만 우리는 그것을 느끼지 못합니다. 아니 그런 것은 별로 관심이 없습니다. 그저 이 삶에 매여서 하루하루 살아가고 있으며, 또 내 눈에 보이지 않고, 믿기지 않는 것은 '없다' 하고 단정 짓고 살아갑니다.

어쩌면 우리는 사후 세계에 대한 생각도 그와 같은지도 모릅니다. 우리는 눈에 보이는 것만 믿으려는 경향 때문에 사후 세계가 아예 '없다' 하고 단정 짓고 사는 사람이 많아 보입니다. 그들은 우리가 죽고 나면 그것으로 끝남을 생각하며 살아갑니다.

하지만 지구 공전 속도를 눈으로 볼 수 없듯이 우리가 인지하지 못하고, 이해할 수 없는 사실이 곳곳에서 감지되고 있음을 우리는 여러 정황을 통해 알아야 합니다.

10

나무에 관심이 많아 요즘 도서관에서 '나무'에 관해서 강의를 듣고 있습니다. 그 강의를 해 주시는 선생님은 나무만 40여 년을 키워 온 '나무' 전문가인데 이 선생님이 늘 강조하신 말씀이 있습니다.

"나무와 인간은 똑같다. 나무를 식물로 보지 말고 감정을 가진 인간으로 보라. 나무가 병들고 죽는 것은 과식하거나 먹지 못해 그런 것이고, 병이 드는 가장 큰 원인은 바람이 통하지 않기 때문이다."

나무가 거름이 너무 많거나, 거름이 없어서 병이 생기고 또한 바람이 통하지 않으면 병들고 죽어 간다는 말입니다. 그중에 눈여겨볼 대목이 이 '바람'입니다. 바람이 통하지 않으면 병들고 죽어 간다는 말입니다. 바람이 통해야 나무가 숨을 쉬고 새로운 신선한 공기를 맛볼 수 있다는 것입니다.

인간에게도 적용시켜 볼 대목 같습니다. 인간과 인간 사이에 소통이 없다면 짙은 외로움으로 아프고 힘든 생활이 될 것이 틀림없습니다. 특히 가까운 사람들과의 소통 - 가족, 친구, 이웃들과의 소통이 없다면 그것은 참으로 살아 있는 목숨이라고도 말할 수 없을 것 같습니다.

『동의보감』에 '통즉불통 불통즉통(通卽不痛 不通卽痛)'이란 말이 있습니다. 이 말의 뜻은 '통하면 아프지 않고, 통하지 않으면 아프다'는 뜻입니다. 한마디로 소통의 중요성을 이야기하는 말입니다.

모든 생명체가 소통이 없으면 아프고 죽음이 있는가 봅니다. 특히 감정을 지니고 사는 인간 사회에서 소통은 참으로 절실한 이야기가 아닐 수 없습니다. 외로움은 죽음보다 더 적막할 수도 있으니까요. 생명체뿐만 아니라, 사회, 정치도 마찬가지입니다.

건강한 인간, 건강한 사회가 되기 위해서는 소통이 필요합니다. 그리고 소통하기 위해서는 나보다는 남의 말에 귀를 기울이는 겸손한 마음이 뒤따라야 합니다.

11

어제 오후에 동기 도반 스님의 입적 소식을 들었습니다. 이제 겨우 41살에 젊은 비구니 스님이었는데 어제 아침 갑자기 심장마비로 열반했다는 것입니다. 저와는 그동안 왕래가 없어 장례식에 가 보지 않았지만 마음은 별로 좋지 않았습니다.

어찌 보면 산다는 것이 모두 다 꿈속 같습니다. 문밖이 저승입니다. 그런데 우리는 놓지를 못합니다. 우리가 마치 영원히 살 것처럼 행동합니다. 언젠가 반드시 이별을 해야 하는 사람들과 물건들인데 그들과 영원히 함께할 것인 양 집착하고 욕심을 부립니다.

우리는 놓는 연습을 해야 합니다. 그리하여 언젠가 헤어져야 할 것이 눈앞에 왔을 때 미련 없이 떠날 준비를 해야 합니다. 그렇다고 함부로, 아무렇게나 하자는 말은 아닙니다. 오히려 언젠가 헤어져야 할 것들이니까, 더욱 애틋하게 그리고 소중하게 생각하며 살아가자는 말입니다.

요즘 유행가에 「있을 때 잘해」라는 노래가 있습니다. 저는 이 유행가를 잘 모릅니다. 하지만 이 노래 제목이 참 마음에 듭니다. 우리가 살아 있을 때, 그리고 같이 있을 때 잘해야 하지, 죽고 나면, 이별하고 나면, 잘하려고 해도 이미 때는 늦습니다. 부모님도, 가족도, 친구도, 이웃도 지금 사랑하고, 지금 잘해야지, 먼 훗날 하겠다는 것은 거짓말입니다. 그때 되어도 그런 사람은 또 '먼 훗날'에 또 '언제가'만 말할 것입니다.

있을 때, 후회하지 말고 즐겁게 재미나게 살아야 합니다. 이렇게 살아 있을 때 후회 없는 삶을 살아야 합니다. 지금 당장 부모님께, 배우자에게, 가족에게, 친구에게 따뜻한 말 한마디라도, 냉면 한 그릇이라도 같이 나누는 삶이 되어야 합니다.

'있을 때 잘해. 후회하지 말고….'

12

우리의 '얼굴'이라는 말은 '얼꼴'에서 나온 말입니다. '얼'이란 정신이나 '혼'을 나타내는 말로써 우리는 흔히 '겨레의 얼' '민족의 얼' '얼차려' 등이란 말로 이 '얼'이라는 말을 자주 씁니다. 그리고 '꼴'이란 모양이나 상태를 나타내는 말로 흔히 '꼴 좋다' '꼬라지 봐(꼴아지)'라는 말을 쓰는 우리 순수 고유어입니다.

그래서 '얼꼴'이란 정신의 모습을 나타낸다고 볼 수 있습니다. 얼꼴 즉 정신 상태가 좋으면 얼굴이 환해지고, 얼꼴이 나쁘면 정신 상태가 좋지 않아 얼굴이 어둡습니다. 따라서 좋은 얼굴을 지니기 위해서는 얼꼴, 즉 정신 상태가 반듯해야 합니다.

언어 또한 마찬가지입니다. 우리들이 매일 사용하는 언어 역시 우리들의 생각과 느낌을 전달합니다. 그래서 어떤 언어를 사용하느냐에 따라 그 사람이 살아온 과거를 알 수 있고, 현재의 그 사람의 정신 상태를 알 수가 있습니다.

좋은 언어를 사용하려고 노력하면 좋은 마음씨를 품게 됩니다. 좋은 마음씨는 그 인과에 의해 좋은 일이 주변에서 생기기 마련입니다. 그를 도와주려는 사람이 또한 생기기 마련입니다. 결국 좋은 마음, 좋은 언어는 좋은 얼굴을 만들고, 좋은 인생을 만드는 도구라는 것입니다.

13

우리네 삶이 구름에 달 가듯이 그렇게 흘러간다면 얼마나 멋있고 여유롭겠습니까? 느긋하면서 매끄럽게 흘러가는 여유. 하지만 우리네 삶은 매번 장애에 부딪혀 힘들고, 지치고, 좌절하면서 살아갑니다. 행복한 순간보다는 부딪치고, 깨지고, 아파하면서 하루하루를 보내고 있는 것이 우리네 삶입니다. 남들은 행복한 것 같은데 '왜 나만 그러는지' 생각만 해도 분노가 치밀어 오를 때도 있습니다.

하지만 남들도 그 속을 알고 보면 그렇게 만족하고 행복한 사람은 별로 없습니다. 다들 나처럼 힘들게 살고 있습니다. 힘들지 않다고 해도 삶이 그렇게 행복하지 않습니다.

한번 주변 친구들에게 물어보십시오! 행복한가? 아마 돈이 있으면 있는 대로 행복하지 않으며, 돈이 없으면 없는 대로 행복하지 않다고 할 것입니다. 왜냐고? 바로 인간으로 태어났기 때문입니다. 인간으로 태어난 이상, 우리는 일체가 고해인 바다를 건너갈 수밖에 없습니다. 생로병사(生老病死)가 한 인간의 역사이기에 그렇습니다.

일체개고! 모든 것은 고통스럽다!

이것을 우리가 철저하게 깨달을 때, 불교의 진리를 깨닫는 첫걸음이 될 것입니다.

14

지난 봄, 꽃집에서 화분을 사 왔습니다. 꽃집 주인은 '이 꽃은 온실 속에만 있어서 실내에서만 자랄 수 있다'라고 했습니다. 하지만 매일매일 애정을 쏟을 수 없는 저의 성격 탓으로 그냥 화분을 바깥에 두었습니다. 날씨도 그다지 춥지 않은 것 같고, 나름 야생의 맛을 느껴 보라는 제 나름대로의 생각도 있었습니다.

그런데 시간이 지날수록 화분의 꽃이 시들시들 죽어 가는 것 같아 갈등이 일어났습니다. '실내로 넣어야 될까? 말까?' 하고. 하지만 결국 질긴 생명의 힘을 믿어 보기로 결정했습니다.

이윽고 화분의 이파리가 다 시들고 말라 갈 무렵, 새롭게 올라오는 새싹을 보았습니다. 그리고 바깥의 좋지 않은 환경에도 견디어 가는 꽃의 모습을 바라보는 기쁨을 느꼈습니다.

요즘 우리 아이들은 지나친 사랑과 보호로 인하여 야생과 만나지 못하고, 연약하게 성장하는 것 같습니다. 우리가 자랄 때와 다르다고는 하지만 모든 생명은 환경에 적응할 수 있다는 것을 생각하면 야생 속에 아이를 믿고, 내보는 것도 좋을 것 같습니다. 아이의 면역력을 키우고, 사회에 밝고 건강한 사람으로 성장시키기 위해서.

15

제가 페이스북을 처음 시작할 때입니다. 처음 보는 어떤 비구니 스님의 생일이라고 화면에 떠서 그냥 '생일 축하합니다.'라고 쓴다는 것이 오타로 '생리 축하합니다.'라고 쓰고 보냈습니다. 지금도 기계치지만 당시는 전혀 SNS의 성질을 몰랐기 때문에 이것을 삭제하려고 하는데 어떻게 할 줄 모르고 혼자 끙끙대다가 가슴만 탔습니다. 처음 보는 비구니 스님이 얼마나 무례할까 생각하니 정말 쥐구멍이라도 있으면 숨고 싶었습니다. 그리고 두어 시간 뒤에 그 스님에 의해서 삭제되었습니다.

그런데 언젠가 어떤 개그맨이 방송에서 나와서 나와 똑같은 경험을 털어놓았습니다. '생일 축하'를 오타로 '생리 축하'로 보냈다고. 그래서 '아! 나만이 아니었구나! 다른 사람도 그런 실수를 하는구나' 하는 생각에 위로를 받은 적이 있습니다.

살아가면서 우리는 이런 실수를 범하기도 합니다. 그런데 우리의 자그마한 실수가 상대를 놀리는 것으로 착각하고, 심하면 싸움으로 변하는 것을 볼 수가 있습니다. 부부간, 친구 간, 가족 간의 싸움도 이 조그마한 실수나 오해로 인한 착각 때문에 일어납니다.

실수했을 때는 실수를 곧바로 인정하고 사과하려는 태도가 참 중요합니다. 그리고 상대 또한 실수를 용서하고 이해하려는 관용의 정신을 갖는 것도 삶을 살아가는 바른 태도가 될 성싶습니다.

16

며칠 전 아주 친한 도반 스님한테 전화가 왔습니다. 뜬금없이 저더러 역학을 공부해 보라는 것이었습니다. 원래 그 도반 스님은 나의 공부 방향을 잘 알고 있는 터여서 스님의 느닷없는 소리에 조금은 어이가 없었습니다.

그런데 스님의 목소리는 진심이 담겨 있었고, 자기는 사주팔자를 한 10년 공부해 보니까 이제 눈에 조금씩 보인다는 것이었습니다. 그래서 장난삼아 내 사주나 한번 보라고 했습니다. 솔직히 저는 이제까지 사주를 본 적이 없습니다. 믿지도 않았고, 별로 관심도 없었기 때문입니다.

잠시 후 스님은 전화 속에서 내 생년월일, 시 등을 묻더니, 이내 나의 사주를 이야기해 주었습니다. 그런데 나의 성격이나 살아오면서 이야기 하지 않은 부분을 용케도 알고 말을 하는데 깜짝 놀랐습니다. 도반이라고 하지만 스님에게 말하지 않았던 것도 있기 때문입니다. 그런데 어떻게 알았을까?

한동안 이것을 믿어야 되나, 말아야 되나 참 의심이 갔습니다. 그래서 혹시 역학을 공부해 본 분들과 아주 솔직하게 이것에 대해 이야기를 나누어 보았으면 좋겠다는 생각을 했습니다. 사주라는 것이 사실인지? 역학으로 과거나 미래를 볼 수 있는 것인지?

하지만 아직 실천에 옮기지 못했습니다. 단지 책으로 본 그들의 말을 빌리면 운칠기삼(운의 힘이 인생의 70% 기운의 힘이 30%)이라는 말을 참고할 수밖에 없을 듯합니다. 그렇다면 설사 운명이라는 것이 있다 하더라도 그 운명을 바꿀 힘도 있다는 뜻으로 해석될 것 같습니다.

17

강물이 흐르지 않으면 썩기 마련입니다. 강물만이 아니라 모든 물질계와 정신계가 흐르지 않으면 썩게 되어 있습니다. 우리들의 마음도 한곳에 머무르면 썩게 되어 있습니다. 어떤 것에 집착을 해서 그곳에 마음을 계속 쓰고 있으면 병을 불러옵니다. 집착이 가져오는 병입니다. 그것은 괴로움을 동반합니다.

모든 것은 흘러야 합니다. 정치든, 사회든, 역사든, 우리 인생이든…. 그리고 흐르게 놓아두어야 합니다. 설령 아깝고, 아쉽고, 서운하다 할지라도 새로운 인연에 맡겨야 합니다. 그래야 나도 건강하고, 물질계가 그리고 정신계가 건강합니다.

18

극락이란 단어를 사전에서 찾아보니 '지극히 안락하여 아무런 근심이 없는 상태'를 극락이라고 말합니다. 그렇다면 만약에 우리가 이 현실에서 '지극히 안락하여 아무런 근심이 없는 상태'를 유지할 수만 있다면 그것이 바로 우리도 그 극락 속에 산다고도 말할 수 있을 것 같습니다.

하지만 우리 인간들이 평소에 '지극히 안락하여 아무런 근심이 없는 상태'를 유지할 수 있을까요? 과연 있다 하더라도 그런 분들이 과연 몇 명이나 있을까요? 아마 삶을 살아가는 인간들로서는 지극히 드물 것 같습니다. 가끔은 명상이나 기도를 통해서 또는 어떤 성취를 통해서 그런 상태를 유지할 수는 있겠지만 그것은 한순간일 뿐, 매 순간 지극히 안락한 상태를 유지하기는 참으로 어려울 것 같습니다.

왜냐하면 인간으로서 생로병사가 있고 뜻밖의 사건들이 존재하기 때문입니다. 결국 우리는 잠시의 극락은 있어도 꾸준한 극락은 현실 속에서는 있을 수 없다는 이야기입니다.

그럼에도 불구하고 마음에서 욕심과 성냄과 어리석음에서 벗어날 수 있다면 최소한의 마음의 안락함을 느낄 수는 있을 것 같습니다. 다시 말하면 변함없는 극락은 없어도 마음을 다스림을 통해 최소한의 극락 속에 있을 수 있다는 의미이기도 합니다. 문제는 마음속에서 일어나는 탐진치를 어떻게 다스릴 수 있느냐가 관건일 것 같습니다.

19

근묵자흑(近墨者黑)이라는 말이 있습니다. 먹을 가까이하면 검어진다는 뜻으로, 나쁜 사람과 가까이하면 나쁜 버릇이 물들고, 선한 사람과 함께 있으면 자신도 모르게 선해진다는 사자성어입니다. 그런데 이 사자성어는 꼭 친구 관계에 이를 때만 사용되는 말이 아닌 것 같습니다.

사주 명리를 하는 도반 스님이 이런 말을 한 적이 있습니다. 범죄인과 경찰, 판사, 검사, 변호사, 교도소 근무자는 같은 사주를 타고났다고 말입니다. 요즘 이 말이 참 실감이 갑니다. 나라를 흔들게 한 전직 법조계 인사들이었던 분들이 피고인이 되어 감옥에 가는 것을 보면 그쪽에 있다 보니 그렇게 물들어 간 것이 아닌가 하는 생각을 해 봅니다.

사람을 알고 싶으면 그 사람 친구를 보면 알 수 있다고 했듯이 우리가 어떤 정보를 가까이 하는가는 우리의 다음 생의 사주를 알 수 있는 척도이기도 합니다. 늘 좋지 않은 뉴스, 좋지 않은 소식에 귀를 기울이고, 또 그런 쪽으로 말하기를 좋아하는 사람은 그런 파장으로 '그 사람도 그렇게 가지 않을까' 하는 생각이 듭니다. 근묵자흑이라고 말입니다.

그래서 어린이한테 되도록 좋은 말, 좋은 소식을 들려줘야 하듯이 우리들도 되도록 좋은 생각, 좋은 말들에 귀를 기울이고 그렇게 말을 해야 좋은 사주를 가지고 다음 생을 그렇게 태어날 것 같습니다.

20

어제 점심 메뉴는 라면이었습니다. 이제까지 먹던 꼬들꼬들한 라면 대신 푹 퍼진 라면을 한번 먹어 보기로 하였습니다. 라면을 20분가량 끓였더니 진정 라면이 아니라 거의 풀 수준이 되었습니다.

그런데 이게 무슨 일입니까? 그동안 제가 좋아했던 꼬들꼬들한 라면의 맛과 색다른 맛이 있었습니다. 그 푹 퍼진 라면을 먹으면서 한 가지 교훈을 얻었습니다.

'내가 좋아하는 것만 옳다고 고집하지 말자'라고. 예전에는 푹 퍼진 라면을 먹는 사람들을 이해를 못 했거든요.

우리는 가끔 나와 생각이 다른 사람들에게 '틀렸다'라는 말을 합니다. 그렇지만 상대의 입장에서 보면 '내가 틀린 것'입니다. 그래서 다툼이 일어나고 갈등이 생깁니다. 사실은 틀린 것이 아니라 다른 것인데 말입니다.

21

공부에 집중하지 않는 학생은 외부의 조그마한 잡음만 들려도 금방 바깥 경계에 마음을 뺏기고 '집중 할 수 없다'고 짜증을 냅니다. 하지만 수학 문제가 너무 재미있어서 공부에 푹 빠진 학생은 바깥 경계가 어떻게 돌아가든 별로 관심이 없습니다. 오로지 문제가 해결되는 그 과정이 재미있을 뿐입니다.

공부를 억지로 하는 학생과 공부가 재미있어서 하는 학생의 성적을 비교한다면 그것은 말할 필요성이 없을 듯합니다. 그러고 보면 공부를 '잘하냐?' '못하냐?'의 차이는 외부 환경 탓이 아니라 나의 집중력에 있는 것 같습니다. 물론 교육적 환경이 잘 갖추어진 학생과 그렇지 못한 학생을 비교한다면 당연히 교육적 환경이 잘 갖추어진 학생이 유리한 면이 있겠지만 똑같은 환경이 주어진다면 집중력이 강한 학생이 유리할 것입니다. 바로 '너(환경)' 때문이 아니라 '나' 때문이라는 것입니다.

사람과의 관계에서도 마찬가지 같습니다. 어떤 문제가 생길 때 우리는 버릇처럼 상대에서 문제점을 찾으려 합니다. '너 때문에 이런 일이 일어났어!'라고 말을 하지만 좀 더 한 단계 깊이 들어가면 특이한 경우를 제외하고 '너 때문에'가 아니라 바로 '나 때문에' 일이 일어나는 경우가 많습니다. 내가 나를 잘 다스리고, 내가 좀 더 상대에게 정성을 쏟았다면 문제는 쉽게 해결될 수도 있었을 것입니다.

언젠가 어느 교당에서 얼핏 본 말 중에서 "네 덕, 내 탓"이라는 말이 참 의미 있게 다가와 오래오래 곱씹었던 일이 생각납니다.

22

우리는 우리의 삶을 자신의 힘으로 산다고 하지만, 사실은 우리가 통제할 수 없는 잠재력의 지배를 받는다고 합니다. 이 잠재력은 의미상 약간은 차이가 있지만 프로이트는 무의식, 불교적으로는 아뢰아식이라고 말할 수 있습니다. '인간 정신의 진화'를 연구한 데이비드 호킨스박사는『의식혁명』이라는 책에서 바로 이 '잠재력'에 의해서 우리의 삶이 지배를 받는다고 말합니다.

그는 20여 년에 걸친 인간의 의식 수준을 측정한 연구를 했는데 우리들 자신도 모르는 내면의 그 무한한 힘의 실체를 밝혀냈습니다. 그 결과 사람들이 가진 태도와 감정들의 수준을 정확한 숫자로 제시했습니다. 그 에너지 수준에 따른 인간의 의식 수준을 한번 정리해 보았습니다(재미로 읽어 보시기 바랍니다).

에너지 수준 - 20 수치심, 30 죄의식, 50 무기력, 75 슬픔, 100 두려움, 125 욕망, 150 분노, 175 자존심, 200 용기, 250 중용, 310 자발성, 350 포용, 400 이성 , 600 평화, 700~1000 깨달음

23

누군가 저에게 '네 인생의 좌우명이 무엇이냐?'라고 묻는다면 저는 서슴치 않고 '나는 인생은 즐기는 것'이라고 말하겠습니다. 그러나 인생을 즐긴다는 것은 어떻게 보면 참 막연하고, 어떻게 보면 쾌락적인 요소가 가미되어 있는 것 같아 누군가는 눈살을 찌푸릴지도 모르겠습니다.

"수행한다는 사람이, 쯧쯧……."

하지만 제가 '인생을 즐긴다'라는 말에는 '흥겹고, 쾌락적으로 즐긴다'라

는 말이 아니라 '지금, 여기에서, 이것을 있는 그대로' 즐긴다는 말입니다.

누군가 가만있으면 심심하다고 하는데 저는 가만히 있는 것을 즐기는 편입니다. 요즘 말로 '멍 때리는 것'을 그냥 즐깁니다. 이 '멍 때리는 것'이 없다면 제 삶은 엉망이 될 성싶습니다. 바쁘고 뒤죽박죽된 세상일로.

지금, 여기, 이것을 지극한 마음으로 바라볼 수 있다는 것 - 이것은 어쩌면 내게 참 복된 일이 아닐까 생각합니다.

24

사람이 극단에 처하면 모성 언어가 나온다고 합니다. 모성 언어란 어릴 때 부모로부터 알게 모르게 배운 언어를 말하는데 부모가 욕설이나 거친 말을 사용하는 것을 듣고 자란 사람은 극단에 처하면 자기도 모르게 그 모성 언어를 사용한다고 합니다.

그 모성 언어는 변하지 않는다고 합니다. 그래서 옛 선조들은 자녀를 결혼시킬 때, 돈이나 직업보다는 그 집안의 가풍을 먼저 보았습니다. '어떤 집안에서 자랐는가?' '부모가 어떤 사람인가?' 그 부모의 인성을 첫째로 보았다는 것입니다. 부모의 행실이 자녀의 결혼 생활을 좌우하기 때문입니다.

SNS에서 간혹 거친 언어를 쓰는 사람들을 봅니다. 거친 언어뿐만 아니라, 욕설을 하거나 상대에게 가슴을 찌르는 듯한 아픔을 주는 사람들도 있습니다. 물론 예외는 있습니다만 문제 자식은 반드시 문제 부모를 두고 있습니다. 문제 부모에서 자란 자식은 알게 모르게 그 모성 언어를 배우고 사용한다는 사실입니다.

그런 반면에 말을 참 곱게 하는 사람들도 많습니다. 힘이 되고, 기분 좋게 하는 말입니다. 그런 사람들을 만나면 그 사람이 자란 환경을 생각하고, 그 사람의 부모를 떠올립니다.

고운 언어를 사용하는 사람은 틀림없이 그 부모 또한 그렇게 고운 언어를 사용했으리라 짐작이 갑니다. 언제나 힘이 되는 말을 쓰는 사람은 마음이 풍요롭고 사랑을 넉넉하게 받는 좋은 가정에서 성장했을 것이 분명합니다.

25

우리들의 삶을 가만히 지켜보면 사람과 사람의 관계 속에서 이루어진다고 말할 수 있습니다. 사람이 처음 태어나 눈을 뜨면 가장 먼저 엄마와의 관계가 형성됩니다. 나를 잉태하고 젖을 먹여 주고 자기 몸의 분신처럼 아껴 주는 엄마야말로 인간의 관계의 첫 시작이자, 가장 깊고 끈끈한 관계라고 말하지 않을 수 없습니다.

그다음에는 아버지, 형제, 조부모, 사촌, 친구, 직장 동료 등의 관계로 넓혀 가면서 사회생활을 영위하게 됩니다. 그리고 결혼 적령기에 이르면 반평생을 같이할 배우자를 찾고 또 아이를 낳아 부모로서 관계를 맺으며 살아갑니다.

이 관계는 보이지 않는 끈으로 연결되어 있습니다. 이 끈은 신뢰를 바탕으로 믿고, 보호하며 때로는 울타리가 되어 주기도 합니다. 그래서 이 끈의 관계를 지키려고 하는 사람에게 도덕적으로 효(孝)니, 의리가 있는 사람이니 또는 지조가 있는 사람이라고 칭찬을 하고, 반대로 이 끈을 가볍게 여기는 사람은 배은망덕한 놈, 불효한 놈, 배신자라고 하여 많은 지탄을 받습니다. 사람들은 이 끈 때문에 행복하고, 불행하고, 사랑하고, 미워하고, 원망하고, 괴로워하기도 합니다.

따라서 우리 삶의 힘은 관계를 소중하게 여기는 곳에서부터 시작한다고 할 수 있습니다. 관계를 소중하게 생각하는 사람은 소중한 대로, 소홀히 여기는 사람은 소홀한 대로 그렇게 사는 것 같습니다.

26

여름철이라 그런지 입맛이 썩 당기지 않습니다. 머릿속에 무엇을 먹을까, 생각해 보면 딱히 먹고 싶은 것이 떠오르지 않습니다. 그저 먹고 싶은 것이 있다면 옛날에 어머님께서 해 주시던 수제비나, 고추전이나, 부침개 그리고 학독에 갈아서 해 주시던 열무김치가 그리울 뿐입니다. 열무김치를 고추장, 참기름 넣어 비벼 놓으면 가족들이 모여 한 숟가락이라도 더 먹으려고 했던 것이 참으로 꿀맛 같은 행복이었던 것 같습니다.

하지만 지금은 먹을 것이 지천으로 널려 있는 데에도 예전처럼 먹거리에 대해 그렇게 행복하지가 않습니다. 그것은 아마 그동안 음식에 대한 욕망의 충족이 우리의 감각을 무디게 만들고, 손상시켜서 그런 것 같습니다. 풍요 속에 빈곤이라고 할까요?

그러고 보면 행복은 많은 것을 소유함으로써 얻어지는 것은 아닌 것 같습니다. 비록 적지만 마음이 충족되었을 때 행복은 오는 것 같습니다. 만족감의 다른 표현이라고 할까요?

그런데 이 만족감이란 절대 주관적이어서 외부로 나타나는 물질적인 척도로 알 수가 없습니다. 위가 적은 사람은 조금만 먹어도 배부르지만 위가 큰 사람은 많은 양을 먹어야 만족감을 느끼는 것처럼 만족감이란 '얼마나 먹었냐?'가 아니라 '얼마나 느끼느냐?'가 중요한 척도 같습니다. 그렇다면 아무리 부자라고 해도 욕망이 충족되지 못하면 늘 가난한 사람이고, 아무리 가난하다고 해도 스스로 욕망이 충족되어 있으면 부자라고 말할 수도 있을 것 같습니다.

'가난한 날의 행복'이 진실로 마음속에 다가오는 오늘, 어머님의 열무김치 손맛이 문득 그립습니다.

27

우리 속담에 '호미로 막을 것을 가래로 막는다'라는 말이 있습니다. 이 뜻은 적은 힘을 들여서 해결할 수 있는 일을 기회를 놓쳐 큰 힘을 들이게 됨을 이르는 말인데 애초에 미리미리 준비해서 적은 일을 막으면 큰일 터지고 난 후 후회하는 일이 없다는 말입니다.

얼마 전 어느 여대생이 명품 가방을 가지고 싶어서 사채를 썼다가 그것을 갚지 못하고 인생을 망친 이야기를 인터넷 뉴스에서 보았습니다. 학교를 그만둔 것은 물론이고 아르바이트해서 그 이자 갚기에 허덕인다는 내용이었습니다. 명품 가방을 사고 싶었을 때 잠깐 참았다면, 뒤에 올 괴로움이 없었을 것인데 그 순간을 참지 못해서 그처럼 두고두고 괴로움을 당한 것입니다.

이런 일들은 우리 주변에서 너무나 흔히 볼 수 있는 사건입니다. 남녀의 애정 문제도 그렇고, 도박도 그렇고, 지나친 쇼핑도 그렇고, 낭비도 그렇고, 친구들과의 싸움도 그렇고, 부부 싸움이 그렇고, 이웃끼리의 말다툼도 그렇고……. 정말 잠깐만 참으면 되는데 그 잠깐을 참지 못해 두고두고 고통을 겪는 경우를 우리는 생활 속에서 흔히 겪게 됩니다.

28

일상사의 날짜에도 별별 날들이 다 있습니다. 생일날, 결혼기념일, 프로포즈 받은 날, 남녀가 사귄 지 100일째 되는 날, 수능 100일 남은 날, 화이트 데이, 무슨 삼겹살 데이, 짜장면 데이 등등…. 일상의 날을 그냥 일상의 날로 살지 못하고 우리는 날짜에 색깔을 칠하고, 거기에 의미를 더하여 평범함과 차별을 두려고 합니다.

이렇게 의미가 부여된 날에 그냥 평범하게 일상처럼 지나간다면 일부 사람들은 화를 내기도 하고, 괴로워하기도 합니다. 날마다 지겹도록 똑같은 일상에서 벗어나 거기에서 작은 행복을 얻고자 하는 것. 그것을 탓할 수는 없습니다. 작은 사치, 작은 행복이라도 있어야 하는 서민들의 삶에 그나마도 위안이 있기 때문입니다. 그런데 그런 날을 그냥 지나쳤다면 당연히 화가 날 만도 하겠지요. 어떻게 보면 이해는 갑니다.

하지만 너무나 작은 것에 매몰되어 큰 것을 보지 못한다면 소탐대실의 우(愚)를 범할 수 있습니다. 얼마 전에는 결혼 기념일을 그냥 지나갔다고 남편과 싸움하다가 결국 이혼까지 했다는 보살님의 사연을 들은 적이 있습니다. 사소하고 작은 것보다는 인생의 큰 틀을 생각하는 것이 바른 지혜가 아닐까 하는 생각이 듭니다.

29

성경에 '천국에 가려면 어린애처럼 되어야 한다'는 말이 있습니다. 어린애처럼 되어야 한다는 말은 '천진난만'하게 생각하고, 행동한다는 뜻이기도 합니다. 어린애들은 심심한 것을 잘 모릅니다. 무엇 한 가지만 있어도 잘 놉니다. 그것은 분별이 없기 때문입니다. 어린애들은 과거도 없고, 미래도 없습니다. 오로지 지금 여기에서 이것이 있기에 그저 즐겁게 놀고 있는 것입니다.

불교의 깨닫는다는 것도 어쩌면 어린애처럼 되는 것인지 모르겠습니다. 선과 악, 좋고 나쁨, 예쁘고 추함, 부자와 가난 등 이분법으로 보는 세상을 어린애처럼 분별이 없는 눈으로 보게 되는 결과인지도 모르겠습니다. 그리하여 편안하고 안락한 마음의 평안을 얻는 것이 아닐까 하는 생각이 듭니다.

단지 어린애와 깨달은 자의 차이라면 어린아이는 교육되지 않은 무분별의 모습이라면 깨달은 자의 무분별은 나름의 수행을 통한 무분별의 모습입니다. 그러기에 어린아이는 처음부터 분별을 할 줄 모르지만 깨달은 자는 분별은 할 줄 아는데 그 분별이 무분별로 녹아 버린 상태라고 할 수 있습니다.

어린아이처럼 분별없이 지금 여기에서 늘 즐거운 시간이 되었으면 좋겠습니다. 그곳이 천국이고, 극락이기 때문입니다.

30

인간에게서 망각은 어떤 의미로서 축복인 것 같습니다. 만약 인간에게서 망각이 없다면 참으로 고통스러웠을 것입니다. 어떤 아픔이나, 잊고 싶었던 기억들을 망각에 의해서 지울 수 없다면, 아마 우리들의 삶은 참으로 고통의 연속이 될 것입니다.

그러나 다행히 우리에게는 망각의 기능이 있어 이런 아픔이나 고통을 잊을 수 있다는 것이 얼마나 다행인지 모릅니다. 잊을 수 있는 것이 감사하고 고마운 일입니다.

어제는 은사 스님 49재 중의 2재에 다녀왔습니다. 처음 입적할 때만 해도 여러 가지로 마음이 무겁고 힘들었는데 입적한 지 보름이 지났다고 어느새 문도들의 이야기 속에서 웃음이 나오고, 일상이 되어 감을 느꼈습니다. 어쩌면 망각이 준 선물인지도 모르겠습니다. 아픔을 딛고 은사님이 주신 은혜만 잊지 않았으면 좋겠습니다.

세월 가면 다 잊힌다는 것이 참으로 진리임을 느낍니다. 아픔이나 고통스런 기억들은 되도록 빨리 잊는 것이 좋을 것 같습니다. 물론 일제 치하라든가, 독재라든가, IMF라든가, 부모님의 은혜라든가. 잊어서는 안 될 과거까지도 빨리 잊는다는 것은 문제이겠지만 그것 역시 과거는 과거일 뿐, 과거로 인해 현재가 고통당하는 것은 어리석은 일인 것 같습니다.

우리는 늘 현재에 살고 있기에 지금 여기에서 자기의 일을 충실히 하는 것 - 그것이 아픈 과거나 부끄러운 과거를 치유하는 한 방법이 될 것입니다.

31

인간의 마음속에 가장 많은 부분을 차지하는 것은 아마 두려움일 것입니다. 두려움 중에서도 가장 큰 두려움은 죽음에 대한 공포일 것이며, 그런 죽음의 공포 때문에 세상에 종교가 탄생되었다고 해도 과언이 아닐 것입니다.

하지만 사실 죽음에 대해 살아 있는 우리들은 잘 알지 못합니다. 세상 모든 사람들이 아직 죽어 보지 않았기 때문입니다. 그럼에도 불구하고 우리가 죽음을 두려워하는 것은 살아 있는 이 모든 것과의 이별 때문일 것이며, 죽은 과정에서의 고통 때문일 것이며, 죽고 난 뒤에 혹시 있을지도 모를 과보에 대한 두려움 때문일 것입니다.

그렇지만 이별은 살아 있는 과정에서도 매일 매 순간 겪는 것이 이별입니다. 선택하고 이별하고, 선택하고 이별하는 것이 바로 우리들의 삶입니다. 우리는 무엇이든지 함께 영원할 수 없습니다. 만약 우리가 만남 뒤에 이별이 없다면 우리는 우리의 삶이 너무 무거워서 지쳐 쓰러질 것입니다. 마치 음식을 먹은 뒤에 배출하지 못하면 변비에 걸리듯이. 이별이 있기에 또 다른 만남이 있는 것이며, 또 다른 만남을 통해 우리는 새로운 희망을 가지고 사는 것입니다. 그런 의미에서 이별은 기쁨이며, 죽음은 새로운 희망입니다.

죽음의 순간의 고통도 어쩌면 진정 우리가 생각하는 만큼 고통스럽지 않을지도 모릅니다. 죽을 때 고통스럽다는 것은 우리의 상상에 기인한 것인지 모릅니다. 또한 죽은 뒤의 과보 때문에 죽음이 두렵다면 지금 이웃들에게 해를 끼치지 않고 좋은 일을 행하고 있다면 두려움이 없을 것입니다.

어차피 우리는 모두 다 떠나는 것이고, 조금 일찍 가고, 조금 늦게 갈 뿐입니다. 너무 죽음에 대해 두려운 생각을 가질 필요가 없는 것 같습니다. 오히려 뒤에 태어난 사람들을 위한 자리 비움으로 생각하면 기쁘게 죽음을 맞이할 수도 있을 것입니다.

32

마을 한쪽에서 돼지의 비명 소리가 들려옵니다. 귀를 막고 그 비명 소리를 듣지 않으려 해도 돼지의 그 비명 소리는 내 귀를 넘어 내 심장을 파고드는 것 같아 괴롭습니다. 아마 동네 분들이 추석이 다가오니 또 돼지를 잡는가 봅니다.

고기는 우리가 먹는 음식이라 생각하면서도 네 발이 묶여 아무런 힘도 쓰지 못하고 죽어야 하는 그들을 생각하면 가슴이 아픕니다. 힘 있는 자들 앞에 힘없는 자들의 가여운 비극이라 할까요? 무기력하고 어떤 억울함도 통하지 않는 슬픔이라 할까요? 그것은 마치 총칼 앞에 미국으로 팔려 가는 노예나, 가스실로 들어가는 유태인이나, 일본으로 징병을 끌려가던 우리 선조들이 생각나서 썩 기분이 좋지 않습니다.

그러고 보면 우리가 먹는 음식 하나하나에는 슬픔이나 억울함을 감내하며 살 수밖에 없는 동식물들의 아픔이 함께 하는지도 모르겠습니다. 어쩌면 그들은 온 생명을 던져 우리에게 먹이가 되어 주고 있는 것 같습니다. 하다못해 싱싱한 콩나물도 그렇고, 나물들도 그렇고, 바다에서 그물에 어쩔 수 없이 끌려 나온 물고기들도 그렇고, 저렇게 비명을 질러도 아무 소용도 없는 무기력한 그 많은 짐승들도 그렇고…. 참, 생각해 보면 우리들의 밥상은 죽음과 아픔의 현장들입니다. 그렇다고 먹지 않고 살 수 없고.

그런 의미에서 그들의 생명을 취하며 살 수밖에 없는 우리는 음식 앞에 투정할 수 없는 신성한 의미를 지니며 그들을 취해야 할 것 같습니다.

33

겨울철이 돌아오면 많은 사람들이 감기로 힘들어하지만 그 감기 못지 않게 괴로운 병이 있으니 그것은 다름 아닌 피부 건조증입니다. 이 피부 건조증은 피부 표면의 지질 감소와 더불어 천연 보습 성분의 감소로 피부가 하얗게 일어나거나 울긋불긋해진 상태를 말하는데 그 증상은 몸이 가려운 것이 특징입니다.

이 가려운 것을 한번 긁기 시작하면 참기가 힘들 정도로 괴롭습니다. 처음에는 살짝 가려운데 이때 긁으면 정말 시원합니다. 뼛속까지 짜릿하고 시원합니다. 하지만 긁는 것을 멈추는 순간 그때부터 고통의 시작입니다. 긁을 때 달아오른 피부의 가려움이 마치 '너 한번 당해 봐'라는 것처럼 온통 성내어 달려듭니다. 그래서 다시 긁으면 더욱더 상황은 악화되어 피가 나올 때까지 긁고 또 긁는 악순환이 시작됩니다.

이 가려움을 막기 위해서는 애초에 미리미리 몸이 건조하지 않도록 신경을 써야 합니다. 방 안이 건조하면 젖은 수건을 걸어 둔다거나 목욕 후에 로션을 바른다거나 처음 살짝 가려울 때 약을 바르면 가려움의 고통을 피할 수 있습니다. 그리고 중요한 것은 처음 가려울 때 1~2분 참는 것입니다. 그 순간을 잘 넘기면 가려움은 진정되어 더 큰 고통을 막을 수 있습니다.

유비무환(有備無患)이란 말이 있듯이 뭐든 미리미리 준비를 하면 어떤 경우에도 그것을 헤쳐 나갈 지혜나 힘이 생기기 마련입니다.

34

사람들은 자기가 관심 있는 분야만 세상에 존재하는 것 같고, 실제로 그것만 보이는 경향이 있습니다. 중학생 때는 그 많은 사람들 중에 중학생만 보이고 고등학교 때는 고등학생만 보이고, 대학생 때는 대학생만 보입니다. 연애 시기는 청춘 남녀만 눈에 보이고, 초등학생을 둔 부모는 초등학생만 보이고, 할머니 할아버지가 되면 예전에 관심도 없었던 아이들의 재롱이 새삼스럽게 눈에 들어온다고 합니다.

무학 스님이 말한 대로 돼지의 눈에는 돼지만 보이고, 부처의 눈에는 부처만 보이는 경향과 같습니다. 선한 것만 생각하는 사람은 선한 것만 눈에 들어오고, 악한 것만 생각하는 사람은 악한 것만 눈에 들어옵니다. '깨달음이 없다'라고 생각하는 사람은 깨달음이 없고, 깨달음이 있다고 생각하는 사람은 깨달음이 있습니다. 아는 만큼 보이고, 올라간 만큼 보이고, 생각한 만큼 보입니다.

'내 마음을 어디에 두느냐'에 따라 세상은 그렇게 열립니다. '내 마음의 운전대를 어떻게 잡고 있냐?'에 따라 세상은 그렇게 열리게 되어 있습니다. 그것은 남이 내 마음의 운전대를 잡지 않고, 내가 '내 마음의 운전대'를 잡고 있기 때문입니다. '일체가 유심'입니다.

행복하고 싶거든 행복한 것만 보도록 하십시오. 행복한 이야기, 행복한 일만 입에 담고 사십시오. 그러면 불행도 행복으로 옮겨 오게 되어 있는 것이 세상의 이치입니다. 모든 것은 내 마음에서 일어나는 일이니까요. 부정을 긍정으로 바꾸는 힘이 세지면 세 질수록 세상은 아름답고 행복합니다. 우리가 그냥 지나치던 풀잎 하나에도 행복은 있습니다.

35

지난주는 날씨가 좋아 마당의 나무들을 가지치기 했습니다. 매실, 오동, 단풍나무, 오가피 등. 많은 나무들을 가지치기를 했더니 잘려진 나무들이 마당에 한가득이었습니다. 이 가지치기 나무들을 어떻게 처리할까? 곰곰이 생각하다가 다음 날 사골을 사다가 불을 때기 시작했습니다.

그런데 나무 불 때기가 생각보다 참 보통 힘든 게 아니었습니다. 불 때기 좋게 톱질하고, 큰 가위질하는 것이 시간이 길어지니 힘이 들고, 가시가 많은 매실이나 꾸지뽕 같은 것은 억세어서 손이 찔리는 경우도 있었습니다. 그래도 참아 가면서 불 때기를 마치니, 온 마당에 가득했던 그 많은 나무들이 놀랍게도 겨우 한 줌의 재로 변해 있었습니다.

그 재들을 보면서 참 묘한 마음이 들었습니다. 아픔을 주던 쌩쌩한 꾸지뽕 가시들도 한 줌의 재가 되었고, 벌써 봉우리 졌던 매실들도 사라졌고, 타면서 뺑뺑 소리 내던 대나무들도 한 줌의 소리 없는 재가 되어 있었습니다.

그 재를 바라보며 열반하셨던 제 은사 스님이 떠올랐습니다. 대학 영문과 교수였다가 출가하여 불교 대학에서 많은 법문을 하셨던 우리 은사 스님. 하지만 아무리 많은 지식도, 깨달음도, 법문도, 당당함도 열반하시고 나니 한 줌의 재에 불과했습니다.

우리는 아무리 잘나고 똑똑하고 위대해도 죽고 나면 결국 '한 줌의 재'일 뿐입니다. 그럼에도 우리는 뭐 그리 욕심내는 일이 많고, 싸울 것이 많은지…. 모든 일(諸行)이 영원한 것도 없고(無常), 형태도 없고(無相), 머무름도 없는 무주(無住)인데도 말입니다.

그 재를 바라보며 저는 한동안 그 곁을 떠나지 못했습니다. 그 재가 바로 먼 훗날의 나의 모습이었기 때문입니다.

36

신발을 수출하는 회사에서 두 사람의 세일즈맨을 아프리카로 출장 보냈습니다. 아프리카에 신발을 수출할 수 있는가를 알아보기 위함이었습니다. 그런데 아프리카를 가 보니 사람들이 모두 신발을 신지 않고 맨발로 살고 있었습니다. 두 사람은 그곳을 답사해 본 뒤 한 사람씩 다음과 같이 본사로 연락을 보냈습니다.

한 사람은 '전원 맨발 - 신발 수출 불가능, 수출 가능성 0%'
또 한 사람은 '전원 맨발 - 황금 시장, 수출 가능성 100%'

똑같은 사물을 보고도 사람들의 생각의 차이는 이렇듯 확연히 달라집니다. 살아온 환경이 다르고, 보는 관점이 다르기 때문입니다.

그런데 우리는 '내 생각만 옳고, 네 생각은 틀렸다'라는 생각을 하며 살아갑니다. 그래서 나와 생각이 다른 사람들을 증오하고, 미워하고, 싸움을 하고, 상대를 죽이려 하고 심지어 전쟁을 일으키기도 합니다.

가끔 외국에서 일어나는 타 종교의 무차별적인 테러도 '내 종교만 옳고 네 종교는 틀렸다는' 생각 때문에 그렇습니다. 생활 환경이 다르고 관점이 다른 것을 인정하면 좋은데 그것을 인정하지 않으려는 태도가 문제입니다. 종교나 정치도 '네가 틀린 것이 아니라 너의 생각과 내 생각이 다를 뿐입니다'.

이 다름을 서로 인정하고 두 축이 같이 공존해야 건전한 사회가 될 것입니다.

37

우리는 한평생 '내 것'이라는 소유의 생각에서 벗어나지 못하고 삽니다. 내 몸, 내 가족, 내 집, 내 자동차, 내 직장, 내 땅…. 하지만 엄밀하게 따지면 '내 것'이라는 것이 있을 수 있을까요? 없습니다. 잠깐 이 세상에서, 이 자연에서 빌린 것이지 소유하여 영원히 '내 것'이라고 할 수 있는 것이 하나도 없습니다. '나'라고 생각하는 나도 죽으면 자연으로 돌아가야 하는데 하물며 가족이나 사물들은 어떻겠습니까? 그저 잠시 나와 만나서 내 것처럼 보일 뿐입니다.

남편이라는 말이 우스갯소리로 '남의 편'이라는 말이 있습니다. 그 농담 중에는 참으로 진실이 숨어 있는 듯합니다. 어쩌면 놓아야 할 것을 놓지 않으려는 것에 대한 누군가의 익살이 숨어 있는 말인 것 같지만 사실은 '내 것' '내 편'이 아닐 수 있다는 포기의 단면이기도 합니다. 남편은 내 것이 아닙니다. 자식도 결혼하면 내 자식이 아니라 '며느리의 남편'이나 '사위의 아내'가 된다는 말도 있지 않습니까? 세월 가면 다 내 것이 아닙니다. 처음 왔던 본래의 자리로 돌아가는 법입니다.

우리는 본래 아무것도 가진 것도 없었고, 또한 아무것도 가져가지 못합니다. 그럼에도 우리는 '내 것'이라고 울타리 쳐 놓고 그것을 지키려고 한평생을 소모하다가 결국 아무것도 가져가지 못하고, 저세상으로 가는 것이 인생입니다.

그저 즐겁게, 재미나게, 잘 가지고 놀다가 갈 일입니다. 우리는 '우리의 삶이 전세'라는 것을 잊지 않고 사는 것이 중요한 것 같습니다.

38

경제에 생산과 소비가 주류이듯이 인생도 생산과 소비가 주류입니다. 우리들의 삶에서 생산은 돈을 버는 것이고, 소비는 그 번 돈을 가지고 즐겁게 쓰는 것입니다. 그런데 어떤 사람들은 생산만 하려는 사람이 있고, 또 어떤 사람들은 소비만 하려는 사람들이 있습니다. 생산만 하려는 사람은 돈만 벌려고 하지 도대체 아까워서 돈을 쓰지 못하는 사람들이고, 소비만 하려는 사람은 돈을 힘들게 벌 생각은 않고 이리저리 쉽게 돈을 만들어서 쉽게 쓰려는 사람들입니다.

선인들은 자주 '인생을 즐겨라' '쉬어라'라는 말을 합니다. 이왕 한번 태어난 인생, 일만 하지 말고 인생을 즐기면서 사는 것이 현명합니다. 하지만 돈 버는 것만 목적인 사람들은 인생을 잘 즐기지 못합니다. 즐겁게 노는 방법을 모릅니다. 또한 잘 쉬지도 못합니다. 오로지 머릿속에 돈 버는 것밖에 생각나지 않습니다. 그래도 돈만 벌려고 노력하는 사람은 남을 힘들게 하지는 않습니다.

문제는 소비만 목적으로 사는 사람들입니다. 돈은 쓰고 싶은데 돈을 벌지 못하는 사람들은 가족들을 힘들게 합니다. 부모형제들 돈을 마치 제 것인 양 쓰려고 한다든가, 남에게 돈을 빌려서 갚지 않는 경우라든가, 남에게 사기를 쳐서 쉽게 돈을 갈취하려는 경우가 바로 그것입니다. 이런 분들은 자칫 범죄로 이어지거나 가족들과 불화를 만들어 삶이 황폐합니다.

생산만 목적으로 사는 사람이든, 소비만 목적으로 사는 사람이든 둘 다 문제가 있는 사람들입니다. 나라의 경제가 생산과 소비가 거의 일치가 될 때 건전하듯이 우리 인생도 적당히 일하고 적당히 쉬며 즐기는 것이 건전한 삶의 형태라고 보여집니다. 바르게 산다는 것은 무엇을 하든 균형 잡힌 삶이 아닐까, 생각합니다.

39

세상은 넓다고 하지만 우리 인간의 삶을 생각하면 참 좁디좁은 것이 우리 인간의 삶입니다. 매일 눈뜨면 직장과 집 사이를 다람쥐 쳇바퀴 돌아가듯 그렇게 살다 가는 것이 우리들의 인생입니다.

이 말에 약간은 그렇지 않다고 부정하는 사람이 있을지 모르지만 곰곰이 생각해 보면 결국은 돈 버는 직장과 집이 다람쥐 쳇바퀴의 뼈대를 이루고 간간이 취미나 모임을 위한 곳으로 조금 벗어날 뿐입니다. 여행도 가고, 엉뚱한 사건으로 인한 일탈도 있지만 결국은 직장과 집으로 돌아오고 또 그렇게 쳇바퀴 돌듯 사는 것이 인생입니다. 우리가 엄청난 꿈을 꾸고 새로운 그 어떤 것을 하기 위해 몸부림치지만 결국은 다람쥐 쳇바퀴 속이며, 그 속에서 살아가는 것이 우리 인간의 한계인 것입니다.

그 인간의 한계를 인정하면서 그 속에서 행복도 찾고, 웃음도 찾고, 기쁨을 찾고자 노력하는 것이 우리 인생인 것 같습니다.

40

회자정리 거자필반(會者定離 去者必反)이라는 말이 있습니다. 만나는 것은 반드시 헤어지고, 헤어지면 다시 만난다는 말입니다. 다르게 말하면 만남이란 이별이고, 이별은 만남이라는 이야기입니다.

하지만 본질적으로 보면 만남도 없고 이별도 없습니다. 모든 것이 인연따라왔다가 인연 따라가는 그림자일 뿐, 본질은 변함이 없습니다. H_2O가 물이 되었다가 수증기가 되었다가, 얼음이 되었다가 하더라도 H_2O라는 본질은 변함이 없습니다.

따라서 우리들의 만남이나 이별도 그 형태만 변하고 있을 뿐, 본질적으로 만남도 없고 이별도 없습니다. 만났다고 기뻐할 것도, 이별한다고 슬퍼할 것도 없습니다. 본질은 변함없이 불생불멸이고 불구부정이고 부증불감이기 때문입니다.

41

우리는 살아가면서 고요한 자기만의 시간을 가질 필요성이 있습니다. 내면 성찰의 시간이라 할까요? 왜냐하면 그 시간은 우리의 삶을 좀 더 명확하게 관조할 수 있기 때문입니다.

만약 우리가 뱀의 소굴에 떨어졌다고 가정한다면 우리는 그때 아무런 정신이 없을 것입니다. 오로지 두려움에 뱀으로부터 자신을 방어하기 위해 온 정신을 쏟을 것이 분명합니다. 그러다가 그 뱀의 소굴에서 빠져나와 안전지대에 놓이게 되면 뱀의 소굴을 되돌아보고, 뱀의 모습들과 뱀의 습성을 관찰해 볼 수 있는 기회를 갖게 될 것입니다. 그리고 비로소 살았다는 안도의 한숨을 쉬게 될 것입니다.

우리 인생도 마찬가지입니다. 우리가 삶에 빠져 있을 때에는 오로지 '어떻게 살아갈까?' 하는 경쟁의 세계에 골몰할 수밖에 없습니다. 살기 위해서 자신을 되돌아볼 수 없습니다. 오로지 경쟁에서 이겨야 하는 약육강식의 세계만 있을 뿐입니다.

하지만 그런 삶에서 벗어나 조용히 자신을 관조하는 시기가 온다면 '왜 나는 그때 그렇게 살았지?'라고 반성하고 후회할지도 모릅니다. 아니면 죽을 때까지 그 사바의 세계가 전부인 것처럼 살다가 죽어서야 비로소 과거의 생을 반추하며 괴로워할지도 모릅니다.

따라서 더 늦기 전에 우리는 지금 여기에서 우리의 삶을 관조하고 반추하면서 우리의 삶을 여유롭고 풍요롭게 가꾸어 가야 할 필요성이 있습니다. 최소한 하루에 단 5분이라도 조용히 정좌하여 내 삶을 멀리서 바라보는 여유가 있어야 합니다. 정신없이 돌아가는 이 세계에서 벗어나 마음을 정화할 수 있는 힘을 가져야 합니다.

그 관조하고 반추하는 힘이 바로 명상이자 참선입니다. 명상이나 참선을 통해 삶의 지혜를 깨닫고, 더 나아가 본성을 깨우치고 그 본성대로 이 세상을 자유롭게 살아간다면 이 세상에 온 보람을 느끼게 될 것입니다.

42

가끔 사람들은 과거의 잘못한 일을 추억하며 후회하기도 하고, 혼자 창피함에 치를 떨기도 합니다.

'그때 내가 왜 그랬지?'

'도대체 그 일을 어떻게 속죄할 수 있을까?'

후회와 번민으로 과거를 생각하며 고통을 받습니다. 하지만 과거는 그때의 인연에 따라 그렇게 된 것입니다. 이미 죽어 버린 과거를 생각하며 고통을 받는 것은 어리석은 일입니다. 그때 그 일은 내가 한 게 아닙니다. 그때 여러 가지 조건이 그렇게 만들었을 뿐입니다. 그렇다고 지난 잘못을 합리화하자는 이야기는 아닙니다. 잘못은 반성하되, 과거에 너무 집착하지 말자는 이야기입니다. 과거는 이 세상에 존재하지 않기 때문입니다.

43

우리는 너무 많은 과거에 대한 생각과, 미래에 대한 불안과, 현실에 대한 불만족을 느끼며 살아갑니다. 이런 것들로부터 마음을 해방시킬 필요가 있습니다. 마음을 턱 놓고 살 필요가 있습니다.

마음을 턱 놓고 살자니까, 미래에 대한 계획도 없이 그저 하루하루 즐겁게 먹고 놀자는 그런 말은 아닙니다. 마음을 턱 놓고 살자니까 아무런 생각도 없이 어떤 상황이 와도 멍하게 살자는 그런 이야기도 아닙니다.

마음을 턱 놓고 사는 것을 한자어로 방하착(放下着)이라고 합니다. 이 방하착은 집착하는 마음이 없을 때 생깁니다. '마음을 턱 놓고 살자'는 바로 어떤 일에 대하여 집착을 하지 말자는 이야기입니다.

사람이 살면서 계획이 없고 목표가 없다면 그것은 바다에서 키를 잃고 출렁거리는 배와 같이 위험하기 짝이 없습니다. 계획과 목표를 가지고 살아가되, 그 계획과 목표에 집착하여 괴로움을 당하지 말자는 이야기입니다.

삶은 계획과 목표대로 살아가기도 하지만 그렇지 않은 경우가 더 많습니다. 그럴 때 삶이 목표대로 가지 않는다 하여 절망하고 좌절하고 괴로워하지 말고 그때그때 인연에 따라오는 것을 마음 놓고 즐기자는 것입니다. 잘되면 잘된 대로, 안되면 안되는 대로. 그러다 보면 모두 다 환(幻)처럼 지나갑니다. 그것이 진리입니다.

44

두려움이 많다는 것은 그만큼 욕심이 많기 때문에 그렇습니다. 재물에 대한 욕심이 많으면 다른 사람에게 내 재산이 빼앗길까 두렵고, 다른 사람에게 속지 않을까, 늘 노심초사하기 때문에 두려움이 많습니다. 행여 재물에 대한 욕심이 없다고 해도, 다른 부분에 대한 욕심이 많으면 그만큼 두려움도 많습니다. 예를 들면 사랑받고 싶다는 욕심, 명예나 권력에 대한 욕심, 뭔가 소유하고 싶은 욕심 등등 욕심이 많으면 그 욕심을 채우고 싶은 마음 때문에 두려움도 많아집니다.

따라서 마음의 두려움을 없애기 위해서는 욕심을 줄여야 합니다. 욕심이 줄어들면 자연적으로 두려움도 사라집니다. 죽음에 대한 두려움도 마찬가지입니다. 오래 살고 싶은 욕심이 적으면 그만큼 죽음에 대한 두려움도 사라지게 됩니다.

욕심을 마음속에서 놓아 버리고 그냥 인연에 맡기고 사는 것 - 그것이 삶의 두려움을 없애는 삶의 지혜입니다.

45

목마를 때 물 한 컵 주는 사람에게 진정한 감사함을 느낍니다. 목도 마르지 않은데 물을 주어 봐야 별로 감사한 마음이 없습니다. 자식에게 물려줄 유산도 자식이 진정으로 필요할 때 작은 도움이라도 주어야 감사함을 느끼지, 자식이 어느 정도 경제적으로 단단해진 상태에서 유산을 물려주어 봐야 별로 감사함을 느끼지 않습니다.

먼 훗날 보시를 하고, 먼 훗날 베풀어야겠다는 생각보다는 지금 힘든 이웃에게 조그마한 보탬이 되는 것이 진정한 보시입니다. 시장에서 파 한 단, 배추 한 단 조금 비싸더라도 말없이 사 주는 것, 그게 베풂이고 보시입니다. 이웃의 아픔을 조용히 경청하며 같이 아픔을 나누는 것, 그것이 베풂이고 보시입니다. 보시란 큰 것이 아닙니다. 목마를 때 물 한 컵 건네는 것이 보시입니다. 요즘 지구 곳곳에 목말라하는 사람들이 많습니다.

46

사람은 저마다의 배의 용량이 있습니다. 큰 물건을 싣고 다닐 정도 큰 배가 있고 적은 양의 물건도 싣지 못하는 배도 있습니다. 큰 배인데 작은 물건이나 싣고 다닌다면 안타까울 수밖에 없고, 작은 배인데 큰 물건을 싣고 간다면 조그마한 바람에도 위태위태하여 위험천만한 일이 아닐 수 없습니다. 가장 좋은 것은 자기가 타고 다니는 배의 용량에 비례하여 물건을 싣고 가는 것이 가장 좋습니다.

가정이든, 직장이든, 사회생활이든 자기의 분수를 알아서 거기에 알맞게 생활할 때, 남들이 보기에 가장 보기가 좋고 자기 자신도 편안합니다. 깜냥도 안 되는데 욕심 부리는 것은 오히려 추할 수가 있습니다.

시주나 자비의 실천도 마찬가지입니다. 시주도 내 분수에 맞게 해야지 보기도 좋고, 나도 편안합니다. 남들에게 충분히 베풀 능력이 있는데도 구두쇠같이 조금 베푸는 것은 손가락질 받아 마땅하고, 또한 내 가족 먹고살기도 바쁜데 남들에게 베푼다고 물질적 시주나 자비행을 한다는 것도 어리석은 일입니다.

자기 배의 용량을 알고 자기 분수껏 산다는 것은 아름다운 일입니다.

47

어제 저녁 5천 원 어치 물건을 사고, 5만 원을 지불하고 생각 없이 그냥 와 버렸습니다. 저녁이라 색깔이 비슷해서 저나 상인이나 몰라보고 그런 것 같았습니다. 처음에는 좀 짠한 기분이 들었습니다만 이내 한 마음 돌리고 나니 마음이 편안해졌습니다. 본질적 입장에서 생각해 보니 잠시 내 소유에서 그 상인의 소유로 갔을 뿐, 5만 원이 이 세상에서 사라진 것이 아니기 때문입니다.

우리들의 삶과 죽음도 오고 간다고 하지만 근본적인 입장에서 보면 오고 가는 것이 없습니다. 바다에 바람이 불면 물결이 일어나지만 아무리 물결이 일어도 물결은 바다이고 바다는 처음부터 그대로 불생불멸 불구부정 부증불감입니다.

내 소유여야 한다는 생각 때문에 괴롭고, 내가 사라진다는 생각 때문에 두렵습니다. 하지만 본질은 여전히 변함은 없습니다. 5만 원이 상인에게 갔다고 해도 나는 어제와 변함이 없이 살아갈 것이고, 또 누군가 죽음으로 인해 이 세상을 떠났다고 해도 세상은 변함이 없습니다.

우리가 좀 더 큰 눈으로 '나'를 벗어나 세상을 보고 본질을 본다면 그리고 본질적인 마음으로 세상을 살아간다면 삶과 죽음도 없으며, 얻음과 잃음에 대한 두려움도 없을 것입니다.

48

내가 그의 이름을 불러 주기 전에는
그는 다만
하나의 몸짓에 지나지 않았다

내가 그의 이름을 불러 주었을 때
그는 나에게로 와서
꽃이 되었다

– 김춘수, 「꽃」 일부 –

물질적이든 추상적이든 모든 사물의 이름을 나타내는 것을 우리는 명사라고 합니다. 그런데 만약 우리가 모든 사물의 이름을 떼어 버리고, 이름을 붙이기 전의 세상을 생각해 본다면 어떤 세상이 될까?

그것은 아마 위 시의 말처럼 온 우주가 하나의 몸짓에 지나지 않을 것입니다. 차별과 분별이 없는 세상일 것입니다. 사물에 이름을 붙이고 사물에 의미를 부여하며 살기 때문에 차별이 생기고, 분별이 생기고, 높낮이가 생기고, 우열이 생긴 것입니다. 사물에 이름을 붙이기 그전에는 돌이나 다이몬드나 금이나 철이나 모두 하나의 광석에 지나지 않습니다. 명품백이라는 것도 브랜드라는 언어를 붙이고 거기에 의미를 부여했기에 차별과 분별이 생겼을 뿐, 그것을 알지 못하는 사람에게는 그저 다 같은 가방에 불과할 뿐입니다.

그렇게 생각해 보면 우리는 우리가 만든 언어에 속아서, 그 이름들에 속아서 차별하고 분별하면서 평생 인생을 낭비하고, 허우적거리며 힘들게 사는 것이 아닌지, 생각해 볼 일입니다.

49

삶은 현재에 멈춰 서 있지 않습니다. 삶은 도도하게 흐르는 강물처럼 계속해서 흐르고 이 순간에도 흐르고 있습니다. 지금 멈춰 선 것처럼 보이는 이 몸도 내 안의 세포들은 끊임없이 새로 태어나고 또 끝없이 죽어가고 있습니다.

내 몸뿐만 아니라, 눈을 돌려 물질세계 아니 더 크게 이 우주를 보아도 영원한 것은 없습니다. 우리가 살고 있는 이 지구도 40억 년 전에 태어나 언젠가는 소멸할 것이고, 태양도 마찬가지고 이 우주도 마찬가지입니다. 이 지구도 이 태양도 이 우주도 없어질 존재인데 하물며 우리 인간이 가지고 있는 것들은 말할 것도 없습니다. 언젠가는 없어지고 말 것들입니다. 제행(諸行)이 무상(無常)입니다. 말 그대로 모든 것이 항상 할 수 없다 즉, 영원한 것은 없다는 것입니다. 돈도, 사랑도, 권력도, 나의 생명도 영원한 것이 아닙니다. 스쳐 가는 바람일 뿐입니다.

그러나 우리 인간들은 현재의 생활이 영원히 계속될 것이라고 착각하면서 살아갑니다. 이것이 인간들이 어리석은 이유이고 괴로움 당하는 이유입니다. 삶은 도도하게 흐르는 강물처럼 계속해서 흐르고, 이 순간에도 흐르고 있습니다.

2절 • 불교 편

1

불자들 인사말에서 '여여하십니까?'라는 말이 있습니다. 이 '여여하다'라는 말의 뜻은 '끊어지지 않는다'라는 뜻인데 우리 불자들은 무엇이 '끊어지지 않는다'는 것인지 그 뜻을 잘 알지 못하고 사용하는 경우가 많은 것 같습니다.

무엇이 '끊어지지 않는다'는 것은 바로 참나, 주인공이나, 불성, 본성 같은 진리를 지칭하는 것으로 그것들을 쉼 없이 연속해서 이어 간다는 의미입니다. 그야말로 인위적이 아닌 무위로서 변함없이 진리의 법을 이어 간다는 것을 말합니다. 그래서 이것을 '여여하다'라고 표현하는 것입니다.

따라서 불자들이 '여여하십니까?'라고 묻는 것은 바로 '진리 속에 항상 변함없이 그 속에 계십니까?'라고 묻는 뜻입니다. 즉 '생멸법 속에 살면서도 진리를 잊지 않고 살고 있습니까?'라고 묻는 인사말입니다.

참으로 불자들에게 소중한 인사말이 아닐 수 없습니다. 그러므로 불자라면 서로 만났을 때 당연히 '여여하십니까?'라고 묻기도 하고, 본인도 그렇게 여여한 삶을 살도록 해야 할 것입니다.

2

'아무리 날고 기어 봐야 부처님 손바닥'이라는 말이 있습니다. 누군가 이 말을 처음 한 사람은 참으로 불교에 사려 깊든가, 도통한 사람이라는 생각이 듭니다. 여기에서 부처님이라는 말은 흔히 절에서 불상으로 모시는 석가모니나 관세음보살을 지칭하는 말이 아닙니다. 여기에서 말하는 부처님은 진리, 법, 본래면목, 도(道) 같은 넓은 의미의 부처님입니다.

아무리 태풍이 몰아치고, 수없는 파도가 바다 위에서 출렁거리지만 파도는 바다 위에서 벗어나지 못합니다. 머릿속에서 수 없는 망상이 오가고, 수없는 생각들이 오가고 있지만 그 생각들은 내 마음을 벗어나지 못합니다. 오늘 수없는 사람들이 태어나고 또 죽어 가고, 온갖 사건들이 지구상에서 난무하고 있지만 지구는 태양의 궤도를 벗어나지 못합니다.

다들 잘났고, 다들 뛰어나고, 다들 내가 최고라고 생각하지만 죽음 앞에 별 도리가 없습니다. 모두 부처님 손바닥 안입니다. 도토리 키재기입니다. 밥 먹고, 화장실 가는 진리를 벗어나지 못합니다.

진리는 먼 곳에 있는 것이 아니라, 아주 가까운 곳에 있습니다. 그것을 '눈치 채고 살아가느냐? 그렇지 않느냐?'의 차이만 있을 뿐입니다. 오늘 하루도 또 여여합니다.

3

불교 공부를 취미 삼아 하시는 분들도 종종 계십니다. 산속에 깊이 들어앉은 절 분위기가 좋아서, 그곳에서 스님들과 고즈넉이 차 한 잔 여유가 좋아서, 목탁 염불 소리가 편안히 느껴져서, 혹은 스님들 생활이 궁금해서 등등.

그렇게 절에 몇 번 다니다 보면 절 분위기도 그저 그렇고, 스님들을 만나 보아도 별반 속세 사람들과 다르지 않고, 그래서 시들하다가 다른 재미있는 것이 생기면 언제 그랬냐는 듯이 불교와 멀어지고 맙니다. 어쩌면 불교의 껍데기만 보다가 멀어진 경우입니다.

이왕 불교에 발을 들여놓았으면 불교의 진면목을 보고, 그것조차 마음에 들지 않는다면 그때 불교의 취미 생활을 접는 것이 어떨까, 하는 생각이 듭니다. 그러면 불교의 진면목이 무엇인가? 그것은 바로 '깨달음'이라고 말할 수 있습니다.

"아뇩다라 삼막 삼보리 - 절대평등!"

최소한 이 맛이라도 맛보려고 하고, 그 맛을 보지 못한다면 그 옆에서 냄새라도 맡아 보고 '아! 이것은 나와 영 맞지 않는다' 할 때, 취미 생활을 접어야 하지 않겠습니까?

염불 소리, 목탁 소리, 절 풍경 소리, 차 한잔, 승가 생활 등, 이런 껍데기 말고, 진정 불교의 진면목을 한번이라도 느껴 보고, 그리고 '마음이 도대체 무엇인지?' 한번 알아보고 멀어져야 하지 않겠습니까?

4

물은 그냥 흘러가지만 바다를 향한 목표가 있습니다. 불자라면 진여의 지혜를 갖추어 부처가 되겠다는 목표가 있어야 합니다. 물론 모든 유위행은 부처로 가는 길을 방해하는 요소이지만 발심을 할 때에는 나름의 목표가 있어야 합니다.

'부처가 되겠다'는 마음.

그 원대한 발심이 나중에 '원래부터 내가 부처'임을 알게 할 것입니다. 불자가 되어 발심부터 원대한 서원이 없다면 그저 그렇게 수행하고, 그저 그렇게 복이나 받고자 하는 중생으로 남을 수밖에 없습니다. 이왕 불교에 마음을 두고 불교인으로 살아가고자 한다면 "나는 부처가 될 것이다."라는 원대한 서원이 필요합니다.

왜냐하면 생각이 파장을 부르기 때문입니다. 생각이 파장을 불러 그 파장이 굳어지면 습관이 나오고, 그 습관에 따라 몸과 마음이 그렇게 변하기 때문입니다. 따라서 부처가 되겠다는 발심이 결국 '내가 원래부터 부처'임을 깨닫고 마는 것이기에 불자라면 처음부터 부처가 되겠다는 원대한 발심을 해야 합니다.

5

'뭣이, 중헌디!'

'무엇이 중요한데?'라는 몇 년 전 유행하는 세태어입니다. 이 말의 뜻은 문제의 핵심을 잘 보라는 말입니다. 요즘 세상을 가만히 바라보고 있노라면, 진정으로 중요하고 꼭 필요한 것은 뒤로 숨고, 별로 필요치 않고 사소한 것에 목매는 경향이 많은 것 같습니다. 가족이나 친구들 그리고 이혼하는 부부들도 이 사소한 것으로 인해 싸우거나 헤어지는 경우가 많습니다. 또한 직장에서, 사회에서, 정치적으로도 진정으로 필요한 핵심은 뒤로하고 사소한 것으로 여론을 호도하거나 사람들의 눈을 속이려 하는 경향도 있습니다.

불교 공부도 마찬가지입니다. 우리가 불교를 공부하려는 목적은 깨달음이라는 정상에 올라 현재의 삶에서 최소한의 자유와 행복을 가지기 위함입니다. 그러기 위해서는 진리에 대한 탐구나 진리를 향한 염원이 있어야 합니다.

그런데 우리는 이러한 목적보다도 수행 방법, 계, 의식이나 예불, 사소한 문자의 언어, 이런 것에 매달려 진짜로 중요한 것을 놓치며 그것이 불교라고 생각하고 있는 경향이 있습니다. 흔히 달을 보기보다는 달을 가르키는 손가락에 집착하는 것을 말합니다. 손가락만 보기 때문에 정작 달을 보지 못하고 있는 것입니다. 진리를 깨우치지 못하고 겉만 취하다가 세상을 마치는 경우입니다.

'뭣이 중헌디-!'

우리는 삶에 있어 많은 경계에 부딪히며 살고 있습니다. 그럴 때 우리는 스스로에게 자주 물어야 합니다. '뭣이 중헌디!'라고. 그리하여 문제의 핵심을 보는 습관을 들여야 합니다.

6

부처님이 열반에 드시려고 하실 때 아난존자(阿難)가 흐느끼면서 마지막 설법을 간청합니다. 이때 부처님께서 다음과 같이 그 유명한 열반송을 남기셨습니다.

"스스로를 등불로 삼고 스스로에 의지하라. 진리를 등불로 삼고 진리에 의지하라."

우리가 너무 많이 알고 있는 말인데도 잘 실천하지 않습니다. 스스로의 마음에 의지하지 않고, 또한 진리에도 의지하지 않습니다. 의지를 하는 것은 오로지 신격화된 부처님입니다. 진리보다는 부처님을 밖에서 찾고 있다는 말입니다.

요즘의 불자들은 부처님이나 관세음보살이나 지장보살을 입에 달고 삽니다. 무슨 일이 있을 때마다 부처님께 의지하려 합니다. 타 종교와 다름없이 부처님을 신격화하고 부처님에게 복을 빌고 복을 받고자 합니다. 기복 신앙으로 전락한 느낌이 없지 않아 있습니다. 물론 그 믿음이나 기도가 나쁘다는 것이 아닙니다. 누군가에게 의지하여 간절히 기도할 수 있는 의지처가 있다는 것은 이 거센 삶을 살아가는 데 하나의 힘이 될 수도 있습니다. 하지만 그것은 부처님이 이 세상에 오신 뜻과는 거리가 먼 이야기입니다. 부처님이 이 세상에 오신 뜻은 진리를 깨우쳐서 각자가 자유로워지기를 바라는 마음에 있다는 것을 알아야 합니다.

우리 불교는 타력에 의한 신앙 아니라 자력 신앙입니다. 부처님께 의지하는 신앙이 아니라 스스로 노력해서 자신이 부처임을 아는 것입니다.

스스로 불성이 있음을 알아 윤회의 사슬을 끊고 열반의 세계로 가는 것입니다. 이것이 부처님께서 중생들에게 깨우치고자 한 근본입니다.

7

인간 본연의 인간성을 회복하자는 사람들이 있듯 본래면목을 찾고자 하는 수행자들이 있습니다. 불법으로 말하자면 귀명을 하고자 하는 구도자들입니다.

귀명이란 근원으로 돌아간다는 뜻입니다. 『대승기신론』에서는 귀명을 이렇게 말하고 있습니다. '이 귀(歸)라는 글자의 뜻은 공경하여 따른다는 뜻과 그 쪽을 향하여 나아간다는 뜻이 있고, 명(命)은 생명의 근본을 말하는 것으로 이것이 몸의 모든 기관을 다스리며, 한 몸의 고갱이(사물의 핵심)라는 뜻입니다.

우리가 오분향례를 할 때 '지심귀명례'라는 말을 많이 합니다. 지극한 마음으로 근원으로 돌아가자는 말입니다. 사회에서 말하면 인간성 회복이고, 불교 수행자에게는 깨달음의 세계로 돌아가자는 내용입니다.

요즘 불자들이 사회에 편승하여 서로에게 너무 감정적이고 극한적인 말들을 하고 있는 것 같아 안타까운 마음이 듭니다. 냉정한 눈으로 사회의 현상을 지켜보되, 진리에 돌아가려는 마음을 잊어서는 안 될 것 같습니다. 지심귀명례.

8

우리가 불교를 배우는 목적은 우리의 정신생활이 좀 더 나아지기 위함입니다. 아무리 불교학 박사를 하고, 불교에 대해 깨달음을 얻었다 하더라도 생활에서 범부와 같이 탐진치를 가지고, 분별하고, 시비하고, 삶에 늘 장애를 느끼고 산다면 불교를 공부하는 아무런 의미가 없습니다. 우리의 생활을 변화시키기 위해 종교가 필요하고, 불교 공부가 필요한 것입니다.

작은 것에도 늘 감사한 마음을 갖는 것, 무관심하게 지냈던 이웃들의 안녕과 건강을 염려해 주는 것, 화나고 성난 마음에 무심으로 웃어 버릴 수 있게 되는 것, 두려움과 무서움이 내 마음속에서 사라지는 것 - 이것이 우리가 종교에 귀의하는 목적입니다. 그렇지 않고 종교가 종교로 끝나 버린다면 그것은 불교적 용어로 공염불에 불과합니다. 진리를 알아서 그것을 쓰지 않는다면 창고 속에 넣어 둔 농기구에 불과한 것입니다.

설령 진리를 모른다고 해도 내 안의 작은 변화를 있게 만드는 것, 그것이 우리가 종교를, 불교를 믿는 이유입니다. 그런 변화가 점점 커져서 나중에는 삶에서 그리고 죽음에서 완전한 자유를 느끼게 되는 것 - 그것이 우리가 불교 공부를 하는 목적입니다.

9

불교 공부의 근본적인 목적은 『화엄경』의 '사사무애법계'에 있습니다. '사사무애법계'란 현실에 살면서도 아무런 장애를 받지 않고 사는 마음입니다. 고통이 오면 그 고통을 꿰뚫어 보아서 고통을 느끼지 않고 사는 마음이며, 행복한 마음이 오면 그 행복한 마음을 꿰뚫어 보아서 행복이란 집착을 버리고 본래의 평정심을 되찾는 마음입니다. 그래서 어떤 것에도 얽매이지 않고 자유롭게 사는 마음이 바로 '사사무애법계'입니다.

그런 '사사무애법계'로 자유롭게 살기 위해서 깨달음 상태가 되어야 합니다. 깨달음 상태란 어떤 새로운 능력이나 새로운 것을 얻은 것이 아니라, 모든 허상이나 망상이 제거된 상태를 말함이며 그래서 순수함만이 남은 상태를 말합니다.

순수하기 때문에 자유로워질 수가 있습니다. 순일한 허공성이기 때문에 자유로울 수 있습니다. 이것이 사사무애법계입니다. 생활 속의 자유로움입니다.

10

어제는 산에 운동하러 갔더니 어떤 할아버지가 노래를 틀고 갑니다. 어린 시절 형님으로부터 많이 들었던 최희준 씨의 「하숙생」입니다. 이 노래를 뒤에서 들으면서 '아! 여기에 우리 불교 진리가 다 들어 있구나' 하는 생각을 했습니다.

> 인생은 나그네길 어디로 왔다가 어디로 가는가?
> 구름이 흘러가듯 떠돌다 가는 길에
> 정일랑 두지 말자, 미련일랑 두지 말자….

불교 진리는 한마디로 '인생은 뜬구름'이라는 이야기입니다. 이것을 멋있게 한자로 말하면 부운(浮雲, 뜬구름) 공화(空華, 허공꽃) 『반야심경』으로 말하면 색즉시공 공즉시색. 『금강경』으로 말하면 무상(無相) 무주(無住). 소승은 무아(無我) 그리고 그 어렵다는 천칠백 공안은 결국 다 '인생은 뜬구름' 같다는 것을 말하기 위함입니다.

그런데 문제는 이렇게 유행가 가사에 실려 있는 '인생은 뜬구름이니 정일랑, 미련일랑 갖지 말자' 하면서도 우리는 이것을 실천하지를 못합니다. 실생활 속에서 집착과 미련을 버리지 못합니다. 이것이 문제입니다. 무아를 알고, 연기를 알고, 무상, 무주를 알면서도 그것은 그냥 절에 가서나 하는 말일뿐, 현실 생활에서는 아무 상관없는 빈 깡통 언어로 살아갑니다.

인생은 뜬구름입니다. 이 말을 뼛속에 새기고, 정도 미련도 훌훌 벗어던지고 자유로워질 수 있다면 그것이 바로 해탈입니다. 그 많은 불교 책도 다 필요 없습니다.

11

우리가 불교 공부를 통해 마음이 예전에 비해 좀 편해지고, 마음을 다스리는 힘이 생겼다면 불교 공부를 제대로 하고 있는 것입니다. 그런데 공부를 해도 마음이 여전히 예전과 똑같거나 변함이 없다면 불교 공부를 잘못한 것입니다. 더구나 알음알이가 많아졌다고 오히려 아상만 키워 자만심만 늘었다면 차라리 불교 공부를 안 하는 것이 훨씬 더 나은 상황입니다.

요즘 지천에서 불교 공부를 좀 했다는 사람들을 많이 만나볼 수 있습니다. 그중에는 제대로 공부가 된 사람도 있지만 불교 공부를 차라리 하지 않았으면 하는 아상만 쌓인 불자들도 간혹 보게 됩니다.

불교의 핵심은 아상을 없애는 데 있습니다. 불교 공부를 통해 나의 존재가 없어져 갈 때 진정으로 불교 공부를 제대로 하고 있는 것입니다. 한마디로 하심(下心)이 되어 높낮이가 없어지고, 사물의 분별은 할 수 있으되 분별하지 않는 마음이 되어야 바른 공부로 들어선 것입니다.

그런데 불교 공부 좀 했다고 아상만 높아져 '나'를 내세우려고 한다면 그것은 불교 공부와 전혀 상관없는 반대의 길로 가고 있는 것입니다. 문제는 '나'이고, 생활 속에서 '나'가 사라져야 부처님의 해탈, 즉 자유가 서서히 다가오고 있는 것을 아는 바로 그때가 제대로 된 불교 공부를 하고 있는 것입니다.

12

부처님의 제자 중에 머리가 너무 나빠서 출가한 지 3년이 지나도록 게송 한 구절도 제대로 외우지 못하는 주리반특(周利槃特)이라는 분이 계셨습니다. 그것을 안타깝게 생각하신 부처님께서는 그에게 불진제구의 가르침을 주셨습니다. 불진제구란 "먼지를 털고 때를 없애라."라는 뜻입니다.

그때부터 그는 이 말을 믿고 오로지 대중들의 신발을 닦고 법당의 청소를 정말 열심히 했습니다. 1년 2년… 십 년… 한결같은 마음으로 청소를 담당했던 그는 마음까지 닦는 신통설법 제일의 아라한이 되었습니다. 이에 부처님은 주리반특의 깨달음에 대해 다른 제자들에게 말씀하셨습니다.

"깨달음은 결코 많은 교리를 공부하여 얻어지는 것이 아니다. 단 한 가지라도 아는 것을 실천하는 것이 중요하다. 주리반특은 청소하는 일에 열중함으로써 마음까지 깨끗하게 비워 내어 이윽고 깨달음을 얻지 않았느냐." -인터넷에서 인용-

아무리 머리가 좋고 경전을 줄줄 외우고 다닌다고 해도 실천이 없는 깨달음은 아무 쓸모가 없는 갑 속에 든 칼입니다. 비록 경전을 못 외우지만 '관세음보살'이라도 입으로 꾸준히 정근하면서 스스로 관세음보살처럼 살려고 한다면 어느 날 주리반특처럼 환하게 마음이 열리는 날이 올 것입니다.

불교의 핵심은 '나(아상)'를 없애는 데 있습니다. '나'가 사라지면 '참나'

가 드러나고 그 참나가 바로 부처입니다. 그리고 그 부처가 생활 속에서 행동하는 것이 보현보살이며 관세음보살입니다.

무아(無我)를 이론으로 알고 본성을 꿰뚫었다 해도 무아나 본성을 생활 속에서 실천하지 못하면 그것은 죽은 이론입니다. 생활 속에서 단 한 가지라도 남을 위해 실천하는 불교가 되어야 합니다.

13

자목련에 꽃이 활짝 피었다가 어느덧 지고 있습니다. 그리고 그 자리에 새순이 나오기 시작했습니다. '그 새순은 어디에서 왔을까?' 하는 생각을 해 봅니다. 흙 속의 영양분을 빨고 왔을까?

하지만 흙 속의 영양분이 충분하다 하여도 그 새순은 나오지 못했을 것입니다. 햇빛과 적정한 기온과 물과 공기가 있어야 새순이 나올 수 있을 것입니다. 그중에 어느 한 가지라도 없었다면 그 새순은 나오지 않았을 것입니다. 그것만이 아닙니다. 내가 지금의 자목련의 새순을 볼 수 있는 것은 자목련이라는 씨앗이 있어야 할 것이고, 그 씨앗을 맺게 된 원래 나무가 있어야 하고, 그 나무를 맺게 된 할아버지 나무가 있어야 하고, 또, 또…… 태초.

또한 내가 만약 수년 전에 그 나무를 심지 않았다면 지금의 내가 보는 자목련의 새순은 볼 수 없었을 것입니다. 또한 내가 존재하기 위해서는 우리 부모님이 있어야 했었을 것이고 우리 부모님이 존재하기 위해선 할

아버지, 증조할아버지…. 쭉 올라가면…… 태초.

그러고 보면 내 눈앞에 보이는 자목련 이파리 하나를 피우기 위해선 태초부터 온 우주가 움직인 것입니다. 그중에 하나만 없어도 저 자목련 새순은 피울 수가 없었습니다. 그래서 새순 하나가 바로 우주입니다. 이 세상에 존재하는 저 하찮은 이파리 하나도 우주의 소산인 것입니다. 우주가 온통 움직여서 만든 것입니다.

지금의 '나' 또한 마찬가지입니다. 나는 음식물 없이는 존재할 수 없습니다. 그 밥 하나를 만들기 위해서는 많은 존재들이 움직여야 합니다. 우주가 움직여서 나를 만든 것입니다. 그래서 내가 우주이고, 우주가 나입니다. 이것이 바로 '모든 것이 인연화합에 의해서 이루어진 연기법'이라는 것입니다. 이것이 있기에 저것이 존재하고, 저것이 없기에 이것도 없습니다.

따라서 나 홀로 존재할 수 있는 것은 이 우주에 어느 하나도 없습니다. 모두 인드라망처럼 서로 얽혀서 존재하는 것입니다. 그러기에 이 모든 것들이 '나'라는 실체가 없습니다. 제법이 무아(無我)입니다. 스스로 홀로 존재하는 것은 없습니다. 아무리 제 잘났다고 하지만 자기 스스로 존재하는 것은 진정으로 없습니다. 다 껍데기 이름만 있는 것입니다. 텅 빈 허공입니다.

이것이 우리가 머리로 깨우쳐야 될 첫 번째 깨달음입니다. 숭산 스님 말대로 이 기본을 깨우쳐야 깨달음 360도 중에 90도에 온 것입니다. 연기법을 알면 무아를 알고, 공을 알고, 우주가 나고, 내가 우주라는 사실을 알아야 합니다.

14

불교적 관점에서 생각해 보면 인연에 의해 움직이는 모든 법들은 실체가 없는 그림자입니다. 그림자는 햇빛이 비칠 때는 존재하는 것처럼 보이지만 햇빛이 사라질 때는 아예 존재하지도 않습니다. 물이 낮은 기운을 만나면 얼음이 되고, 따뜻한 기운을 만나면 수증기가 되듯 모든 법들은 그때그때의 인연을 만나 변하기 때문에 실체가 없는 그림자입니다.

모든 법은 실체가 없는 그림자이기에 어떤 상이 존재할 수가 없습니다. 자아 또한 마찬가지입니다. 우리의 몸도 이렇게 멀쩡하게 살아 있을 때는 존재하는 것처럼 보이지만 죽고 나면 아예 존재하지도 않습니다. 현재만 존재할 뿐, 미래에는 없는 존재입니다. 그야말로 잠시 있다가 사라지는 그림자 같은 존재입니다.

15

과학도 그렇지만 불교에도 순수 불교와 실용 불교가 있습니다. 순수 불교는 전통적 불교 경전을 배우는 것으로써 학문에 기초를 두는 불교를 말하고, 실용 불교는 실생활에 맞는 기도나 예법, 그리고 좋은 말씀을 전하는 것을 말합니다.

과학의 토대인 기초 과학은 사람들에게 외면당하고 흥미도 없듯이 불교도 순수 불교는 불자들에게 외면당하고 사람들에게 흥미를 주지 못하는 듯합니다. 불교 경전 공부나 수행을 불자들은 하기 싫어합니다.

하지만 기초가 없으면 그 어떤 건축물이 존재할 수 없듯이 순수 불교가 없으면 실용 불교도 있을 수 없습니다. 불교 교리나 수행을 알지 못하고 불자라고 말하는 것은 마치 앙꼬 없는 찐빵처럼 겉은 멀쩡하지만 알맹이가 빠진 껍데기 불자입니다. 부처님 앞에 제 지내고, 기도하고 천수경 몇 마디 하고, 예불 올리고, 108배 절을 한다고 모두 불자라고 할 수는 없습니다.

부처님의 말씀을 배우고, 스스로 수행을 통해 깨달음을 추구할 때 진정으로 부처님의 제자가 되는 것입니다.

16

우리가 선(禪) 공부를 하는 것은 마치 고등학교 때 배우는 미적분, 수열, 함수를 공부하는 것과 같습니다. 사실 미적분은 우리가 생활하는 데 별로 쓸모가 없습니다. 실생활에서는 초등학교 때 배운 산수 정도면 사회생활 하는 데 별로 지장이 없습니다. 그럼에도 고등학교에서 필수로 수학을 공부하는 것은 우리의 사고 확장을 위해서 반드시 필요한 과목이기 때문입니다.

선공부도 사실 불자 생활하는 데 별로 쓸모가 없습니다. 과거의 죽은 언어를 가지고 왈가왈부하고, 거기에 매달려 평생을 공부한다는 것은 참 어리석게 느껴지기도 합니다. 불자로서 생활하는 데에는 염불이나 기도면 충분하다고 생각할지 모릅니다. 그러나 그것은 어린애가 부모에게 의지하듯 근기가 낮은 공부입니다. 우리가 선 공부를 하고, 참선을 하고, 수행하는 것은 우리가 눈으로, 귀로 듣지 못하는 넓고 깊은 세계를 알고자 함입니다.

따라서 수학이 힘들고 지겹더라도 보다 넓은 사고의 확장을 위해서 공부해야 하는 것처럼 선 공부도 지루하고, 진전이 없고, 어렵고, 따분할지라도 눈으로 보이지 않는 세계를 알기 위해서는 오늘도 정진해야만 하는 이유입니다. 물론 더 공부에 깊게 들어가면 공부할 것도, 정진할 것도 없음을 알 것이지만 말입니다.

17

법성게의 첫 구절에 법성원융무이상(法性圓融無二相)이라는 말이 나옵니다. 이 말인 즉 '법과 성품은 원융하여 두 가지 모양이 없다'라는 뜻으로 법과 성은 둘이 아닌 불이(不二)라고 말을 합니다.

법과 성을 조금 쉽게 예를 들어 설명하자면 법은 물, 얼음 수증기라고 볼 수 있으며, 성은 H_2O입니다. 이 물과 H_2O를 통해서 불이(不二)라는 의미를 쉽게 이해할 수 있을 것입니다. 또한 둘이 아닌 말 즉 '불이(不二)'나 무이상(無二相)은 '같다'라는 말과 같은데 왜 '같다'라고 하지 않고 불이(둘이 아니다)라고 했는지도 알 수 있을 것입니다.

'법과 성품은 같다'라고 했을 때 그 말은 틀린 말입니다. 얼음과 물이 같지 않기 때문입니다. 그렇다고 '다른 것이냐' 하면 또 다른 것이 아닙니다. 모두 H_2O이기 때문입니다. 그래서 '같다'라고 말을 하지 않고 '둘이 아니다' '두 모양이 아니다'라고 표현합니다. 마치 물과 얼음은 같지 않지 않지만 성품이 H_2O같은 이치입니다. 이것이 '불이(不二)'나 무이상(無二相)으로 표현한 이유입니다.

불교는 현상계를 공부하는 것이 아니라 존재, 근본 즉 성품에 초점에 맞춰 공부해야 합니다. 그래서 '이것의 근본이 무엇인가(이 뭐꼬?)' 하고 그 근원을 캐어 만법이 '불이'라는 사실을 확실하게 알 때 눈이 확 틔는 순간입니다.

18

우리가 흔히 하는 말 중에 '무심한 사람'이라는 말이 있습니다. 이때 쓰이는 무심은 '아무런 관심이 없다' 또는 '아무런 감정이나 생각이 없다' 이런 의미로 쓰입니다. 이럴 때의 '무심'은 '무관심'이라고 표현할 수 있습니다. 이것은 상대에 대한 야속한 감정과 왠지 차갑고 냉정한 느낌이 담겨 있습니다. 하지만 불교에서의 무심은 '마음이 없다'는 뜻으로 쓰입니다.

그러면 마음이 없다는 것은 어떤 것인가? 인간의 마음은 극락에서 지옥에 이르기까지 온 우주를 담고도 남을 만큼 크고 다양합니다. 일체유심조(一切唯心造)라는 말이 있듯이 생로병사(生老病死) 희로애락(喜怒哀樂)이 이 한 마음에 담겨 있습니다. 그러나 그 마음을 자세히 관찰해 보면 그저 스쳐 가는 그림자라는 것을 알 수 있습니다. 마음은 생겼다, 사라졌다 환멸을 계속하면서 하면서 마치 영화처럼 한 생애를 꾸려 나갑니다. 하나의 마음이 지속될 수 없습니다.

그런 마음을 좀 더 자세히 관찰하면 그 마음의 본바탕은 텅 비어 있는 것을 알 수 있습니다. 그 본바탕 마음 위에 우리가 흔히 알고 있는 희로애락의 마음이 움직이고 있고, 대부분의 사람들은 희로애락의 마음만을 마음이라고 알고 있습니다. 그것은 마치 영화의 스크린 위에 스토리가 있는 화면이 움직이는데 영화를 보면서 스크린을 망각하면서 영화만 보듯이 우리는 본바탕의 마음을 망각하면서 살아갑니다.

따라서 우리는 마음은 두 개의 마음으로 나누어졌다는 사실을 알아야 합니다. 하나는 본바탕의 텅 빈 마음과 또 다른 하나는 생멸을 계속하는 마음입니다 이 마음을『대승기신론』에서는 본바탕 마음을 심진여문이라고 하고 희로애락의 마음을 심생멸문이라고 말합니다.

그렇지만 두 마음은 둘로 나눌 수가 없습니다. 영화에서 스크린이 없으면 영화를 볼 수 없고 또한 스크린만 있고 스토리가 있는 화면이 없다면 그것은 영화로서 의미가 없기 때문입니다.

그 본바탕의 마음을 우리는 불성, 본래면목, 부처 또는 무심(마음 없음)으로 부릅니다. 불교에서 무심한 사람(무심도인)이라는 것은 본래의 마음을 철저히 깨우쳐서 비가 오면 비가 오는 대로, 눈이 오면 눈이 오는 대로 담담하게 살아가는 사람을 말함이라 하겠습니다.

19

많은 사람들이 부처님이나 하나님을 무섭고 두려운 존재로 생각하는 경향이 있습니다. 물론 내 인생을 좌우하고 나의 운명까지도 좌지우지하는 분이라는 생각 때문에 그럴 것입니다.

그래서 종교는 그런 인간의 연약함을 이용하여 사람들에게 두려움을 심어 주며 사람들을 이용하려는 측면들이 있습니다. 두려움을 이용하여 돈과 노동을 착취하려는 경향도 있고, 연약한 그들 앞에 권력을 누리려는 집단들도 있습니다. 그것은 타 종교든 불교든 마찬가지입니다. 그 속속들이 사정을 들여다보면 청산해야 할 적폐들이 한두 가지가 아닙니다. 우리나라도 이만큼 잘살게 되었음에도 여전히 악덕 종교인들이 존재한다는 것이 참 가슴 아픈 현실입니다.

종교는 두려움을 심어 주기보다는 오히려 두려움을 제거해 주는 역할을 해야 합니다. 마음을 편안하게 안정시켜 주고, 아픈 마음을 위로하고, 상처를 보듬어 주는 곳이어야 합니다. 편안함을 안겨 주는 것이 진정한 종교의 역할이어야 합니다.

최첨단 과학의 시대에 살고 있는 현대에 더 이상의 신비주의나 신도들을 겁박하려는 종교는 이제 사라져야 합니다. 자비와 사랑에 충실하는 종교가 되어야 합니다.

20

총을 들고 합동결혼식이 모 종교에서 있었습니다. 신성해야 할 결혼식까지 총을 들고 해야 하는 인간의 두려움에 지극히 가여운 마음이 듭니다. 얼마나 죽음이 두려우면 결혼식에 총까지 들었을까? 두려움을 제거하는 것이 종교인데.

신앙이 극단에 있으면 '적 아니면 동지'여서 종교 전쟁이 일어날 수밖에 없습니다. 오로지 내 종교만 옳고 타 종교는 배타의 대상입니다. 그런 상황에서는 광신자들이 생길 수밖에 없고, 그 광신자들 때문에 세계는 하루도 조용할 날이 없습니다. 테러가 당연시 되는 것입니다.

불교도 마찬가지입니다. 너무나 열정적으로 맹목적으로 부처님을 신봉하다 보면 부처를 제대로 보지 못합니다. 반대로 부처님에 대해 냉대한 사람도 또한 부처를 잘 알지 못합니다. 가운데에 서서 부처님에 대한 비판도 하고, 사랑도 할 수 있을 때 비로소 균형을 잃지 않고 부처님을 진정으로 사랑할 수 있습니다.

종교가 '적 아니면 동지'라는 광기 어린 극단보다도 상대를 인정하고, 포용하고, 서로가 상생할 수 있는 길을 찾아 나서기를 기원합니다. 그래야 '종교'라고 말할 수 있지, 두려움에 총을 들어야 하는 종교는 더 이상 종교가 아니라고 봅니다.

사랑과 용서와 화해만이 종교의 역할이라고 봅니다. 불교 내에서의 그 많은 갈래들도 진실과 진리 앞에 이제는 서로 인정하고 포용하는 시대가 되기를 촛불을 밝혀 기도해 봅니다.

21

타 종교에서 교주를 신격화하기 위해 매스 게임을 한다고 합니다. 과학이 이처럼 발달한 세상에도 그와 같은 일이 멀쩡하게 진행되고 있다는 것이 우습기도 하고 한편으로는 참으로 어처구니가 없습니다. 하기야 아직도 미국 같은 나라에서도 진화론보다는 창조론이 우세하다는 것을 뉴스를 통해 들었습니다.

그런데 교주에 대한 신격화도 타 종교에만 있는 것이 아니라 불교에도 엄연히 존재한다는 사실입니다. 부처님 제자가 환생했다고 믿는 종단이 있고, 큰스님 말이라면 신처럼 받드는 종도들이 있다는 사실입니다. 특히 옛날 선사들의 사상이나 가르침보다는 선사들의 사생활에 관심을 두어 선사들을 신격화하려는 경향도 간혹 눈에 띄기도 합니다. 솔직히 선사들의 삶이 대단한 게 아니었습니다. 경허 같은 분은 깨닫고 법문하면서도 마을 유부녀를 사랑해서 유부녀에게 추근대다가 남편에게 두들겨 맞기도 했습니다. 오늘날 이런 일이 있었다면 대서특필될 내용입니다. 그런데 문제는 이런 것조차도 '무애자재'라는 이름으로 미화된다는 사실입니다. 물론 경허 스님의 그런 단면 보고 경허 스님을 논한다는 것도 잘못입니다만 신격화나 무애자재 같은 단어로써 미화하는 것은 삼가야 한다는 말입니다.

어느 종교든 신도가 똑똑하고 바른 정신을 가지면 제대로 된 종교가 되지만 신도가 어리석고 맹목적일 때는 제대로 된 종교를 가질 수가 없습니다. 우리 불교도 신도들이 똑바로 정신을 차려야 제대로 된 불교가 될 수가 있습니다.

22

우리는 가끔 예수님이나 부처님도 밥 먹고 화장실 다녔다는 것을 망각하는 경우가 있습니다. 그분들도 살아생전에는 틀림없이 여느 사람들처럼 세수하고, 목욕하고, 밥 먹고, 트림하고, 방귀 뀌고, 똥 싸고 뒤처리하고, 때로는 설사도 하고, 이빨 닦고, 잠자다 일어나 오줌 누고, 가래침도 뱉고, 코도 풀고, 가려워서 긁기도 하고…. 그렇게 살았음이 틀림없습니다. 인간으로 태어나 이 범주를 벗어날 수 있는 인간은 없기 때문입니다.

하물며 신처럼 받들고자 하는 그분들도 그랬을진대 무엇을 깨달았다고 하는 사람들이나, 신비주의에 감싸져 있는 교주들이나, 대중들이 위대하다고 말하는 사람들이나, 스님이나 성직자들은 더 이상 말할 필요가 없을 것입니다. 그들도 똑같은 인간으로 그냥 인간의 행위를 하고 있을 뿐입니다. 깨달았다고 특별난 것도 없고, 이름난 유명한 스님이나 성직자라 해서 인간의 범주를 벗어나 신처럼 완전무결하고 청정한 행위는 하지 않을 것입니다.

그런데 어리석은 사람들은 조금 '깨달았다'라든가, 사이비 교주들이나, 성직자나 권위 있는 스님들에게 맹목적으로 절대복종의 형태를 보이려 듭니다. 그리고 말을 만들어 그들에게 신비로움을 가장하려 들거나 영웅시 하려 듭니다. 마치 신처럼 떠받들며 그들을 섬기려 한다는 것입니다.

그냥 인간적으로 사랑하고 좋아하는 정도이면 되는데 그들을 절대적인 그 무엇으로 생각하는 경향이 있다는 것입니다. 참으로 어리석기 짝이 없습니다. 그들은 인간이 얼마나 나약하고 갈대와 같은 존재인 줄 모르는 모양입니다.

하지만 나약하고 갈대와 같은 인간에 비해 자연은, 진리는 어떤 상황이 와도 변함이 없습니다. 불변입니다. 아무리 더워도 세월 가면 가을 오고 겨울 옵니다. 이것은 인간의 힘으로 어떻게 할 수 없습니다.

우리는 그런 자연이나 진리를 믿어야 합니다. 우리가 부처님을 존경하는 이유는 그분이 인간적으로도 위대하지만, 그분이 가르치신 진리가 더 위대하기 때문입니다. 우리가 불교를 사랑하고 믿고 의지하는 것은 스님들 때문이 아니라, 부처님의 가르치신 진리와 자비의 힘 때문입니다.

스님이나 성직자들을 믿기보다는 진리를 믿어야 한다는 의미입니다.

23

부처님을 '신으로 보느냐?' '인간으로 보느냐?'에 대한 논란은 불자라면 한번쯤 생각해 보았을 문제일 것 같습니다. 기복을 피한다고 하면서도 부처님 앞에 서면 자신도 모르게 절을 하는 경우를 많이 느꼈을 것이고, 그렇다고 부처님을 신으로 받들기에는 불교의 근간을 흔드는 일이기에 드러내 놓고 신격화를 하지 못합니다.

성철 스님 말씀대로 부처님은 이 세상에 오신 이유가 '세상의 어떤 문제점을 고치러 온 것이 아니라, 이 세상이 아무런 문제점이 없다'는 것을 사람들에게 알려 주려 온 것이고, 부처님은 '대중들이 깨달음을 얻어 당신과 같은 위치에 있기'를 간절히 바랐던 분이기 때문에 부처님을 신으로 모시기에는 불교의 원래 사상과 맞지 않습니다.

따라서 '부처님을 어떻게 보느냐?'의 시각은 각자 근기의 차이라고 봅니다. 마치 어릴 때 부모님 없으면 못 살다가, 중 고등학교쯤 가면 서서히 부모님 곁을 떠나려 하고, 성인이 되면 부모님 곁을 떠납니다. 그리고 40~50 나이의 완전한 가정을 이룰 때면 부모님 간섭이 오히려 귀찮습니다.

여기의 나이 40~50 같은 완전한 깨달음을 이루어 독자적인 사상을 구축한 사람은 부처님을 신으로 보지 않을 테고, 그 밑의 근기들은 여전히 부처님의 손길이 필요한 사람들일 것입니다.

그처럼 한 부모에 대한 생각도 나이에 따라 달라지듯이 불교에 대한 깊이도 근기에 따라 달라집니다. 부처님을 '신으로 보느냐?' '인간으로 보느냐?'에 대한 논란도 이 차이에서 비롯된 것이라고 해도 무방할 것입니다.

24

부처님께서 말씀하신 삼법인에 '열반적정'이라는 말이 나옵니다. 열반이란 불이 꺼진 상태를 뜻하는 산스크리트어 니르바나를 음사한 말로서, 여기에서 불은 번뇌를 의미합니다. 따라서 열반이란 번뇌가 완전히 사라져 버린 고요한 상태 즉 파장이 제로 된 상태라고 할 수 있습니다.

그 파장이 제로 된 상태를 우리는 삼매라고 말을 합니다. 삼매에 들어 본 사람은 알겠지만 삼매의 즐거움은 말할 수 없는 기쁨이 있습니다. 흔히 하는 말로 무아지경이라는 말이 바로 삼매의 기쁨입니다. 무아지경이라는 말은 사전적 의미로 '마음이 어느 한 곳으로 온통 쏠려 자신의 존재를 잊고 있는 경지'를 말합니다. 사람이라면 한번 정도는 그 무아지경에 빠져 보았으리라 생각이 듭니다. 게임이든, 영화든, 드라마든, 스포츠든.

그런데 명상을 하거나 참선하면서 무아지경을 느껴 본 사람이 있을지 모르겠습니다. 내가 사라지면서 오로지 청정한 자연과 고요함만이 온 우주에 가득하여 그윽한 경지. 선정 삼매의 맛을 말입니다. 그런 의미에서 어쩌면 자신의 존재를 잊고 있다는 것은 최고의 행복이 아닐까 하는 생각을 해 봅니다.

다시 말하면 무아지경은 내가 없는 즐거움이라는 뜻입니다. 내가 없다는 것은 삼매에 들어간다는 의미이고 '열반에 들었다'라는 의미도 됩니다. 따라서 매 순간 무아의 실천은 삼매에 드는 행위나 마찬가지입니다. 수행자라면 열반적정의 고요한 파장을 추구하기 위해 무아의 실천이 필요하다고 봅니다.

25

불교의 진리는 이상적이지만 현실에 적용할 수 없다는 것이 아마 대부분의 사람들 생각일 것입니다. 예를 들면 불교의 진리 중에 무소유나 무심 등을 말하는 경우가 있습니다. 그러면 어떤 사람들은 '어떻게 아무것도 소유하지 않고 살아가느냐?' 또는 무심을 말하면 '어떻게 아무런 마음을 두지 않는 상태를 유지할 수 있겠느냐?' 하며 따질지도 모릅니다. 무소유를 주장한다고 해도 지금 당장 배고프면 먹거리를 찾아야 하는 것이 인간이기에 '이것은 모순이다'라는 생각을 할 수 있고, 뭔가 잘못되었다는 생각을 할 수 있습니다.

하지만 불교는 실재법과 다른 심법 즉 마음법입니다. 따라서 관념적일 수 있습니다. 관념을 실생활에 적용하며 산다는 것이 어느 정도 모순이며 잘못되었다고도 할 수 있습니다.

그러나 죽음의 세계나 정신세계는 먹고 잠자는 것을 넘어서 있습니다. 불교는 정신세계를 추구하는 것이지, 인간 세계의 삶을 추구하는 것이 아닙니다. 경제적 활동을 하는 것이 아닙니다. 불교는 정신세계를 위해 인간 세계의 삶의 비중을 줄이고자 말하고 있는 것이지, 인간 세계를 저버리라는 이야기는 아닙니다. 이것이 모순된다고 생각할지 모르지만 인간의 삶을 영위하기 위해서는 최소한의 경제 활동을 하지 않을 수 없는 것이 현실입니다.

우리가 탐진치를 버리라는 것은 남에게 해가 되는 지나친 욕심이나 성냄이나 어리석음을 이야기하는 것이지, 인간의 삶 자체를 버리라는 말이 아님을 이해해야 합니다.

불교는 심법입니다.

26

우리가 불교 공부를 하는 근본적인 이유는 아마 죽음 때문일 것입니다. 만약 죽음의 공포가 없다면 우리는 불교 공부도 할 이유도 없고, 더 나아가 이 지구상에서 종교 자체가 아예 존재하지도 않았을지도 모릅니다. 죽음의 공포 때문에 부처님을 믿고, 하나님을 믿고, 알라신을 믿습니다.

그렇다면 '죽음이라는 것이 정말 있는가?'라는 것을 한번 생각해 볼 필요가 있습니다. 그러기 전에 '태어남도 있는가?' 하는 것도 생각해 봐야 할 것입니다.

우리가 밥 한 공기를 만들기 위해서는 여러 조건들이 성립되어야 합니다. 우선 쌀이 있어야 하는데 쌀이 만들어지기 위해서는 씨앗, 모내기, 농부, 물, 햇살, 땅, 비료, 기계, 기계를 운전하는 사람 등등 쌀 한 톨이 만들어지기 위해서는 온 우주가 움직여야 합니다.

그렇다면 쌀의 실체는 무엇입니까? 씨앗입니까? 농부입니까? 물입니까? 햇살입니까? 분석해 보면 쌀의 실체는 없습니다. 단지 인연화합에 의해서 이루어진 것일 뿐이지 쌀의 본래의 성품은 없습니다. 따라서 쌀이란 원래부터 존재하지 않았습니다. 태어남이 없는 무생(無生)입니다. 원래부터 태어남이 없으니 사라짐도 없습니다. 태어남도 없고 죽음도 없습니다.

우리의 몸도 마찬가지입니다. 본래 인연화합에 의해서 생겼을 뿐 본래 태어남도 없고, 죽음도 없습니다. 불생불멸(不生不滅)입니다. 그 불생불멸의 자리를 아는 것이 우리가 불교 공부를 하는 목적입니다. 그러므로 죽음을 너무 두려워할 필요가 없습니다. 우리가 생각하는 죽음이란 본래 왔던 자리에 돌아가는 것뿐입니다.

27

사람들의 가장 큰 관심 중에 하나가 죽음과 그 이후에 있는 사후의 세계일 것입니다. 죽음은 인간으로서 가졌던 그 모든 것들을 한꺼번에 가져가 버리기 때문에 인간은 죽음에 관심을 가질 수밖에 없습니다. 아무리 권력과 부(富)를 가졌다고 해도 결국은 죽고, 아무리 최고의 좋은 보약을 입에 달고 살아도 죽음을 피해 갈 수 없습니다. 인간으로서 가진 최후의 결말은 죽음입니다. 사는 동안 가졌던 지위나 명성도 죽음으로써 내려놓아야 하고, 그토록 사랑하는 사람과도 완전한 이별을 해야 합니다. 따라서 죽음은 인간들로 하여금 커다란 두려움이며 견딜 수 없는 아픔이자, 공포이기도 합니다.

따라서 사람들은 그 죽음이라는 두려움과 공포를 해결하기 위해서 나름대로의 번민과 고민을 하면서 살아갑니다. 어떤 책에서 읽어 본 기억이 있는데, 인류학을 연구하는 학자들에 의하면 원시인들도 삶과 죽음에 대한 궁극적인 탐구의 흔적이 있다고 합니다. 그 탐구의 흔적은 원시인들의 장례식에서 찾아볼 수 있는데, 동굴에 묻힌 사람의 뼈가 잘 정돈된 것이라든지, 죽음의 여행길에 필요한 도구나 음식 혹은 동반자까지 함께 묻은 흔적이 있다든지, 무덤들에서 발견되는 조각과 예술 작품들이 나오는 것은 모두 삶과 죽음에 대한 탐구에서 시작된 하나의 의식에서 비롯된 것이라고 보고 있습니다.

이처럼 사람들은 아득한 옛날부터 삶과 죽음 그리고 우주의 궁극적인 문제에 대한 질문을 던지고 이에 대한 해답을 추구하며 살아왔다고 해도 틀린 말은 아닙니다. 그런데 정작 인간은 그렇게 많은 연구와 관심에도 불구하고 죽은 뒤의 사후의 세계에 대해 전혀 알지 못합니다. 죽음 후의 세계를 우리는 경험하지 못하기 때문입니다. 단지 죽었다가 살아난 사람들의 이야기를 종합하여 죽은 뒤의 모습을 어렴풋이 짐작하거나, 또는 종교적으로 천당이나 지옥 또는 윤회와 같은 막연한 믿음으로 죽음의 세계를 짐작할 뿐입니다. 그럼에도 불구하고 죽음의 세계를 구체적으로 제시한 책이 있으니, 그것은 바로 『티벳 사자의 서』입니다.

이 『티벳 사자의 서』는 죽음 뒤의 영혼이 어떻게 생활하고, 어떻게 생각하며, 어떤 일이 벌어지며 어떻게 대처해야 하는지를 참으로 구체적으로 기술하고 있습니다. 그 내용들이 너무나 구체적이어서 내용이 방대하고 그 내용을 간략하게 소개할까 합니다.

호흡이 멎었을 때 사자의 의식체는 에너지 통로를 통해 순간적으로 밝아 오는 사후의 세계를 맞이하게 됩니다. 그때 사자는 최초의 투명한 빛을 체험하게 됩니다. 사자는 그 빛을 따라가야만 한다고 『티벳 사자의 서』는 말을 합니다. 그 빛은 모든 것의 근원이며 진리의 몸 자체이기 때문입니다. 하지만 그 빛을 깨닫지 못하고 따라가지 못했을 경우 또 다른 빛들이 나타나고, 많은 신들이 등장하게 됩니다. 사자는 또 그들을 따라가야만 한다고 합니다. 그런데 사자가 또 그들과 더불어 돌아가는 데 실패한다면 이제 공포의 환영들이 나타나 사자의 사지를 산산히 찢고, 심장을 꺼내고, 머리를 내동댕이치는 괴로움을 받게 됩니다. 그리고 마침내 사자는 세상에 다시 태어나기를 원하고 어느 자궁 속으로 황급히 뛰어들게 되는데 그것이 바로 또 다른 환생의 시작이 된다고 합니다.

하지만 이 모든 빛들과 신들의 세계 그리고 엄청난 공포의 세계가 사실은 바로 우리 자신의 마음에서 투영된 환영이라고 이 책은 수없이 강조하고 있습니다. 그것들은 실체를 가진 것들이 아니라 우리의 무의식 세계가 펼쳐 보이는 환상의 그림자라는 것입니다.

『티벳 사자의 서』가 우리에게 일깨우고자 하는 진리는 바로 그 환영의 세계를 빨리 깨달아 그것들로 벗어나 자유로워지라는 말이 이 책의 주된 내용입니다.

『화엄경』에서는 '일체유심조(一切唯心造)'를 말합니다. 모든 것이 마음이 만들어 낸다는 것입니다. 『화엄경』의 '일체유심조'를 빌리지 않더라도 현대 과학의 양자역학을 보면 관찰자의 마음에 따라 물질이 움직인다는 사실이 이미 밝혀진 진리입니다. 우리의 죽음 뒤의 세계도 사실은 우리 마음이 만들어 낸 환영이라는 것에 우리는 주목할 필요가 있습니다. 선지자들은 수없이 우리에게 했던 말 중에 '세상은 모두 마음이 만들어 낸 환(幻) 같은 존재'라고 말을 하고 있습니다, 『금강경』에서는 생의 모든 현상은 꿈 같고, 환 같고, 물거품 같고, 그림자 같고, 이슬 같고, 번개 불과 같으니 그대는 마땅히 그와 같이 명상해야 한다고 말을 하고 있습니다.

우리가 그토록 공포스럽게 생각하는 죽음도 결국은 우리의 마음이 만들어 낸 허구라는 것입니다. 죽어서 49일 동안 실제처럼 경험하는 아름다운 투명한 빛과 신들의 세계도, 산산이 찢기는 공포의 경험도, 두려움에 찾게 되는 자궁 속의 환생도, 그래서 다시 태어나 현실 세계에서 살아가는 지금도 모두 다 몽땅 마음이 만들어 낸 허구, 환 같은 것임을 우리는 깨닫고, 깨달아야 한다는 뜻입니다.

어차피 삶과 죽음이 꿈이라면, 죽음에 대하여 막연한 두려움이나 공포에 떨지 말고, 날마다 좋은 날을 만들어 가야 할 것입니다. 꿈은 누가 만들어 주는 것이 아니라, 내 마음이 만든 것이기 때문에 이왕이면 좋은 꿈만 꾸며 살도록 해야 할 것입니다.

28

환생이나 윤회에 대해 가끔 사람들에게 질문을 받습니다. "환생과 윤회란 존재합니까?"라고. 그때마다 이렇게 대답합니다. '죽어 보지 않아서 잘 모르겠다고' 다만 우리 불교적 관점에서 보면 '업'에 의한 환생은 분명 존재할 것이라는 입장은 밝혀 줍니다. 세상 모든 것이 인과에 의해서 움직이고 있기 때문입니다. 인과 없이 존재하는 것은 아무것도 없습니다. 그래서 인과에 의한 윤회는 분명 존재한다고 믿는 것이 우리 불교인의 신앙입니다.

하지만 이 인과를 뛰어넘어야 하는 것이 또한 우리가 불교를 공부하는 목적이기도 합니다. 바로 윤회나 환생을 이 생에 그치고 적멸의 세계로 돌아가자는 것이 부처님의 가르침이기 때문입니다. 그 가르침은 『금강경』에서 말했듯 지금 우리가 살고 있는 이 세계는 여몽환포영(如夢幻泡影) - 마치 꿈과 같고, 허깨비 같고, 물거품 같고, 그림자 같다는 것을 여실히 아는 것입니다.

그런데 사람들은 이런 사실을 알지 못하고 무명에 사로잡혀 수억 년을 이 삶이 실제로 존재하는 것으로 알고 있다는 사실입니다. 죽어서도 마찬가지입니다. 죽어서도 이런 사실을 깨닫지 못하고 업에 의한 환생을 되풀이하고 있다는 사실입니다. 『티벳 사자의 서』라는 책의 핵심은 바로 이것을 말하고 있습니다. 죽어서 자신을 괴롭히는 신(神)이 있는데 그것은 다름 아닌 자신이 만든 신이라는 것입니다. 즉 그 귀신도 자기 생각으로 만든 환상이라는 이야기입니다. '이 사실을 깨달아라' 하는 것이 『티벳 사자의 서』의 핵심입니다.

중생의 99.99%는 업에 의한 인과를 받고 환생합니다. 고통스런 윤회를 계속하고 있는 것입니다. 그 윤회를 멈추는 것은 바로 이 세계가 여몽환포영(如夢幻泡影)임을 여실히 깨닫는 것밖에는 없습니다. 물론 살면서 선업을 지으며 사는 것이 좋겠지만 그 선업도 업이라는 사실을 깨닫고, 그보다 윤회를 멈추는 공부를 이어 가는 것이 바른 우리 불교인의 자세입니다.

29

기독교 사후는 천당과 지옥으로 나뉩니다. 물론 카톨릭 같은 경우는 연옥을 가운데에 넣기도 합니다. 아무튼 죽은 뒤 천당과 지옥으로 나눈 이 2분법은 왠지 고개를 갸웃하게 합니다. 천당의 커트라인에 걸려 천당으로 간 사람은 영원히 천당에서 살고, 커트라인에서 살짝 떨어진 사람은 영원히 지옥에서 살아야 합니다. 다시 말하면 천당 커트라인이 50점인데 51점을 맞은 사람은 100점 맞은 사람하고 영원히 천국에서 살고, 49점 맞은 사람은 0점 맞은 사람과 함께 영원히 지옥에서 살아야 합니다. 그리고 천당과 지옥도 모르고 아기 때 죽은 애들은 도대체 어디로 가는지? 단 몇 년으로 영원한 선택을 당한 그들은?

그리고 또 한 가지 이해가 안 가는 대목이 있습니다. 누구는 금수저로 태어나 부자로 살면서 교회에 헌금 펑펑 내고 남에게 베풀며 착하게 살고, 누구는 흙수저로 태어나 봉사는커녕 나 먹고살기도 빠듯하고 때론 나쁜 짓하며 살 수밖에 없는 그들에게 천당과 지옥이라는 결승 테이프를 똑같이 끊으라고 한다면 그것은 좀 불합리하고 불평등합니다. 그리고 한번 봐주는 것도 없이 단 한번으로 영원히 천당에 가고, 영원히 지옥에 간다면 하나님이 너무나 잔인한 것 아닐까요?

그러면 우리 불교 사후 세계는 어떠한가? 불교는 사후 윤회를 믿습니다. 불교의 윤회는 6가지 단계로 나뉩니다. 지옥, 아귀, 축생, 아수라도, 인간, 천상 등 6도를 통해 전개됩니다. 자기가 육도의 어느 곳에 살다가 때가 되면 죽은 후에 업에 따라 다시 태어나는 것이 윤회입니다. 그리고 보면 천국과 지옥이라는 2분법보다는 지은 업(각자의 파장)에 따라 다시 태어난다는 윤회가 훨씬 과학적이고 합리적이라는 생각입니다.

또한 윤회를 믿지 않으면 현실은 너무나 억울하고 불합리합니다. 누구는 부모 잘 만나 출세하고 누구는 부모 잘못 만나 고생하고, 누구는 태어날 때 머리 좋아 잘났고 누구는 머리 나빠서 고생하고…. 하지만 이 불평등을 윤회를 통해 마음을 다스릴 수 있다면 윤회론은 현실적으로 마음을 편안하게 해 주는 대안입니다. '내 탓이오.' '내 전생에 지은 업 탓이오.'라고 말입니다. 그러고 보면 윤회는 현실의 대변자입니다.

30

이 세상은 눈에 보이지 않는 계급으로 층층이 차별을 둔 세상입니다. 잘난 사람 못난 사람, 돈 많은 사람 돈 없는 사람, 예쁜 사람 미운 사람, 학벌 좋은 사람 학벌 없는 사람, 건강한 사람 아픈 사람…. 이 색계의 세상은 한 걸음만 나가면 이 차별 때문에 고통스럽습니다. 층층이 비교 대상이고, 층층이 그 비교 때문에 고통스럽습니다.

그러나 진리의 눈으로 보면 세상은 차별이 전혀 없는 누구나 절대평등 속에 살아갑니다. 이것이 우리가 불교 공부를 하는 이유입니다. 불교 공부를 하는 이유가 잘 먹고 잘 살기 위함도 아니요, 공부해서 성공하기 위함도 아니요. 더욱이 불교 공부 많이 한 것을 남에게 자랑하기 위함도 아닙니다.

우리가 불교 공부를 하는 이유는 '절대평등'의 그 진리를 깨치기 위함입니다. 그래서 분별도 없고, 차별도 없는 그 세계로 나아가기 위함입니다. 궁극에는 삶과 죽음의 분별에서 벗어나기 위함이 바로 우리가 불교를 공부하는 목적입니다. 진리의 눈으로 보면 삶과 죽음이 둘이 아니라 하나이기 때문입니다.

우리는 매번 스스로에게 우리는 '왜 불교 공부를 하는가?' 하고 묻고 물어서 바른 진리를 찾아가는 지혜의 눈을 터득해야 할 것입니다.

31

학교 공부의 목적은 어떤 의미로 분별을 잘하는 것을 목적으로 합니다. 공부를 잘한다는 것은 아주 세밀한 것까지 분석하고, 분류하고, 분별할 줄 아는 학생이라고 말할 수 있습니다. 즉 어떤 상(相)에 대해 정확하게 인식하고, 해석하고, 그 상에 대한 나름의 응용력을 가지고 창의적으로 문제를 풀어 나가는 학생이 공부를 잘하는 학생입니다.

하지만 마음공부는 분별 잘하고, 분류를 잘하고, 분석을 잘하면 마음공부를 제대로 하지 못하고 있는 것입니다. 오히려 분별없이, 우주의 개념을 온통 하나밖에 알지 못하는 사람이 마음공부를 잘하는 사람입니다. 즉 만법이 하나(萬法歸一)임을 알 때 그 사람은 마음공부를 잘하는 사람이라고 할 수 있습니다.

그러면 그 하나가 무엇인가?

그 하나는 바로 이것(thisness)입니다. 붓다의 말로 여여(如如) 타타타(tathata)입니다. 이것! 이것!입니다. 좀 더 흔히 하는 말로 말하면 본래면목, 무심, 무아, 공(空), 도(道), 부처, 불성, 마음 등이라고 말할 수 있습니다. 이 하나를 깨우치는 것이 불교 공부의 절반에 해당합니다. 그리고 그 하나를 타고, 그 하나가 되어 일상생활을 하는 것이 마음공부의 목적이며, 종국에는 그 하나조차도 사라지는 것이 불교 공부의 끝입니다.

32

유식 30송의 제1송에 이런 말이 나옵니다.

'아(我)와 법(法)의 가설로 말미암아 가지가지 상(相)이 생겨나나….' 이 말인즉 '나와 만법의 가설로 인하여 가지가지 상(相)이 생겼다'라는 뜻입니다. 여기에서 '가설'이라는 말을 한번 생각할 필요가 있습니다. 가설이란 사전적 의미로 '실제로 없는 것을 있는 것으로 친다'는 뜻으로 쉽게 말하면 가짜로 설정한 것을 말합니다.

우리의 삶을 가만히 보면 모든 것이 가설이라는 것을 알 수 있습니다. 가장 끈끈하다는 가족도 알고 보면 가설입니다. 부부는 희로애락 50년 지나다 보면 끝이 납니다. 긴 세월에서 보면 50년이란 마치 아이들이 소꿉장난하듯이 만나 잠깐의 만남이 있고 헤어지는 시간입니다. 자식도 마찬가지입니다.

하물며 가족도 이러할진대 우리들의 만남이란 진실로 가설에 불과합니다. 모든 것이 약속된 가설입니다. 그런데 우리는 그 가설 때문에 울고 웃으며 삶이 힘들다고 말을 합니다. 공화를 허공 꽃으로 보지 않고 그것에 매달려 울고 웃습니다.

하지만 그 가설은 진짜가 오면 없어지게 되어 있습니다. 진짜는 가설도 없고, 오는 것도 없고, 가는 것도 없습니다. 그 진짜란 불생불멸 불구부정 부증불감이라는 진리입니다.

33

나의 불교 공부(근기)가 어디쯤일까? 궁금해하는 분들이 계십니다. 그 분들을 위해 그 근기를 사람의 성장 과정에 비유해 보았습니다.

우리가 어린 시절은 부모님이 없으면 못 삽니다. 절대 의지할 존재가 부모님이고 초등학교 때까지는 부모님이 세상에서 제일 좋습니다. 그렇듯 처음 불교를 접할 때, 절이 좋고, 스님이 좋고, 부처님이 좋습니다. 부처님 없이는 못 삽니다. 부처님이 최곱니다. 부처님한테 뭐 해 달라고 기도하면 잘 들어주는 것 같습니다. 절도 긍정적으로 잘 다닙니다.

하지만 점점 커 가면서 사춘기가 되면 최고로 알았던 부모가 별 볼일 없고, 슬슬 부모님 곁을 떠나고 싶어집니다. 이미 자기는 다 큰 것 같은데 부모가 잔소리하고, 간섭하는 게 짜증이 나고, 반항이 하고 싶습니다. 그래서 사춘기 때는 어른 흉내를 내 보고 싶어 담배도 피워 보고, 화장도 하고 그렇습니다. 이때가 '질풍노도의 시기'라 하여 세상 무서울 것이 없습니다. 불교도 마찬가지입니다. 어느 정도 불교 공부도 하고, 절 내부 사정을 알게 되면 불교에 대한 반항이 일어납니다. 그렇게 멋있게 보였던 스님도 알고 보니 '스님이나 나나' 별 차이도 없고, 경전도 어느 정도 공부해 보니 그 소리가 그 소리고. 기도도 필요 없는 것 같고, 듣기 좋았던 염불 소리도 슬슬 짜증도 납니다. 절 속사정을 알고 보니 스님들이 돈이나 밝히고, 위로 올라가려고 사회에서 하던 짓 똑같이 하고. 이러면서 내부에다 총질을 해 대기 시작합니다. 그리고 경전이나 선사들이 하던 멋있는 구절들을 외웠다가 사람들에게 자기가 말을 한 것처럼 말을 합니다. 불교에 대해 자기는 어느 정도 다 알고 있다고 생각이 듭니다. 세상에서 자기가 최고인 사춘기 시절입니다. 여기에서 대부분 불자들은 끝이 나는 것 같습니다.

사춘기를 지나 고3이 되고 대학을 들어가고 막상 취업 준비를 하면서 세상은 만만치 않음을 알게 됩니다. 서서히 기가 꺾이게 됩니다. 공부 잘하는 놈들이 둘러보니 한두 명이 아닙니다. 스스로 공부해서 제발 취업만 되기를 염원하다가 겨우 취직해서 자리 잡습니다. 불교 공부도 대부분 사춘기에서 끝나지만 진짜 공부는 스스로 공부하는 시기입니다. 이때는 둘러보면 숨어 있는 말 없는 고수들도 많고, 공부를 하면 할수록 더욱 어려움을 느낍니다. 오직 모를 뿐…. 그래도 공부를 해 나가면 취업해서 자리 잡듯이 불교 공부도 마침내 끝이 보입니다. 강을 건넌 것입니다. 취직하면 '이런 곳에 오려고 그 많은 고생을 했나' 하는 생각이 들듯이, 강을 건너고 보면 참 별것 없는 것이 바로 그것입니다.

하지만 인생은 취업했다고 끝이 아닙니다. 학교 공부는 끝났을지라도 그때에 비로소 삶은 시작입니다. 결혼하고, 자식 낳고 기르고. 사회생활을 해야 하고…. 더 험난한 인생이 기다립니다. 그렇듯 불교도 강을 건넜다고 끝은 아닙니다. 그때부터가 진짜 시작입니다. 실생활에서 배운 바, 깨달은 바를 실천해야 하니까요. 그것이 더욱 어렵습니다. 40, 50, 60을 지나면서 인생을 알아가듯이 불교도 그렇게 깊어 가는 것입니다.

34

강을 건넜으면 뗏목을 버려야 합니다. 강을 건넜는데도 뗏목을 가지고 다닌다면 그것처럼 어리석은 일은 없습니다. 또한 강을 건너지 않았을 때는 뗏목을 타고 강을 건너야 합니다. 강을 건너지도 않았는데 뗏목을 버리면 그 순간 죽음입니다.

우리 불교 공부도 마찬가지입니다. 경전 공부가 되었으면 경전을 버려야 합니다. 그리고 한 단계 더 깊이 있는 공부로 나가야 하고 또한 직접 공부한 바를 생활 속에서 실천해야 합니다. 이미 공부가 끝나서 경전을 버린 사람에게 "당신은 왜 경전 공부도 하지 않고 부처님 설법도 말하지 않느냐?"라고 말할 필요가 없습니다. 이미 그 사람은 경전이 필요 없는 사람이기 때문입니다.

그런데 간혹 강도 건너지 않았으면서 강을 건넌 사람처럼 흉내 내는 사람이 있습니다. 하지만 강을 건넌 사람의 입장에서 보면 한마디 해 보면 충분히 알 수 있습니다. 마치 중 고등학생이 어른들 흉내 내며 나이트 클

럽가면 한눈에 보이듯이 말입니다.

뗏목을 타고 갈 때는 열심히 자기 노만 저으면 됩니다. 남은 왜 저런 뗏목을 탔느니, 남의 뗏목이 좋아 보인다느니, 그런 말은 할 필요가 없습니다. 『금강경』을 공부하든, 초기 경전을 공부하든, 『법화경』을 공부하든, 그냥 화두나 명상만을 하든. 이왕 내가 탄 뗏목만 열심히 노를 저어 강을 건너기 위해 노력할 뿐입니다. 때로 힘들고 노를 젓는데 지겹고, 힘들지라도 그리고 남의 것이 더 좋아 보일지라도 우직하게 내 노를 젓다 보면 목적지에 이르게 됩니다. 결국 만나는 지점은 같습니다. 이 생에 안 되면 다음 생에 하면 됩니다. 그리고 강을 건넜으면 그 뗏목은 버리고, 또다시 강이 나타나거든 다른 뗏목을 타고 강을 건너는 것이 좋을 듯합니다.

불교 공부는 남을 위해서 하는 것이 아니라 우선 나를 위해서 하는 것입니다.

35

우리는 흔히 『반야심경』, 『금강경』, 『법화경』, 『화엄경』, 『열반경』, 『능엄경』…. 이와 같은 경들을 진짜로 부처님께서 설법하신 것으로 믿고 있는 분들이 많습니다. 사실 이것은 위경입니다. 즉 가짜라는 말이고 좀 더 심하게 말하면 거짓된 경전이라는 말입니다.

불교의 역사를 보면 석가세존의 불멸 후, 곧 붓다의 가르침을 정리하게 되었는데 그것이 『숫타니파아타』, 『아함경』입니다. 그 뒤 소승과 대승으로 나누어지고 소승은 스리랑카, 미얀마, 캄보디아 등과 같이 남방으로, 대승은 북방으로 오면서 파키스탄, 중앙아시아를 거치면서 1~3세기에 『법화경』, 『반야경』, 『유마경』, 『해심밀경』 같은 많은 경전이 만들어지고, 약 7세기 티벳으로 오면서 밀교의 『금강정경』, 『대일경』이 만들어지고, 중국으로 오면서 도교에서 영향 받는 선종의 『육조단경』이 만들어집니다.

이 경전들은 부처님 설법을 그대로 적은 것이 아닌 여러 승려들이 경전을 베끼고, 베끼는 과정에서 자기의 생각을 넣어서 만든 방대한 경전입니다. 그렇다면 위경이 경전이 아닌가? 하는 문제가 있습니다.

라이트형제가 비행기를 만들었고, 발전에 발전을 거듭하여 오늘날 우주로 가는 로켓이 만들어졌습니다. 하지만 라이트형제의 비행기나 우주로 가는 로켓이나 비행기는 '하늘을 난다'라는 진리에는 변함이 없습니다. 그와 같이 부처님 열반 후 만들어진 『아함경』이나 그 뒤에 발전에 발전을 더하여 만들어진 『법화경』이나 『화엄경』, 『반야경』 등도 결국 부처님의 말씀하신 진리를 담고 있기 때문에 비록 위경이지만 부처님이 말씀하신 경전인 것입니다.

그런데 불자들이 간혹 이 위경을 공부할 때 부처님이 절대적으로 말한 것으로 알고 그렇게 믿는 분들이 많이 있다는 점입니다. 부처님이 말씀하신 크나큰 진리는 취하되, 불경을 성경 해석하듯이 한 구절 한 구절 너무 세세한 것까지 따져 가며 진위를 가리는 것은 잘못이라고 봅니다. 그 경전들이 사실은 위경이기 때문에 그렇습니다. 우리는 이 점을 분명히 알고 공부할 필요가 있습니다.

36

우리나라 불교를 한마디로 표현하면 통불교라고 할 수 있습니다. 통불교를 조금 쉽게 말하면 짬뽕 불교라는 것입니다. 다른 나라 불교가 국가마다 특색이 있는 것에 반하여 우리나라 불교는 선(禪)도 하고, 교학도 공부하며, 율·밀교·정토교(淨土敎)가 있으며 그리고 관음신앙·약사신앙·미륵신앙, 지장신앙 등 불교의 모든 것이 들어와 있는 것이 우리나라 불교입니다.

그래서 불자마다 간혹 혼란을 겪기도 합니다. 어느 스님은 선이 최고라고 말하고 ,어느 스님은 기도를, 어느 스님은 명상을, 어느 스님은 불교 공부를, 심지어 산신각이 있어 산신령을 믿으라고 하고…. 하여간 우리나라에서 불자 간에 서로 다투지 않고 용하게도 불교가 유지되고 있다는 것이 신기할 따름입니다. 어떻게 보면 불교의 일관성이 없어서 불자마다 혼란을 겪을 수도 있지만 어떻게 보면 이것이 우리나라의 사람만이 가지는 관용과 너그러움의 장점이 아닌가 하는 생각도 해 봅니다.

사실 종교 때문에 간혹 다툼이 있지만 상대의 종교 때문에 상대를 죽이는 일 같은 것은 별로 없는 것 같습니다. 온 가족이 자기의 적성에 따라 종교를 가지는 나라가 참 흔하지 않은 것 같습니다. 우리 형제가 6형제인데 불교, 천주교, 기독교, 원불교가 모두 있습니다. 그래서 서로 종교 이야기를 삼가지만 그래도 이야기가 나오면 상대의 종교를 이해하기도 합니다. 그만큼 종교의 이해의 폭이 넓어지고 있다는 의미이기도 합니다.

우리 불교 내에서도 소승, 대승, 선 간혹 다툼은 있지만 서로 관용과 너

그러움으로 잘 융합하여 지냈으면 좋겠습니다. 비록 짬뽕 불교지만 그 짬뽕 불교의 단점보다는 장점을 살려 우리나라의 불교 발전에 서로서로 이로움이 되었으면 하는 것이 바람입니다. 하나만 아는 것보다는 둘을, 둘보다 셋을, 아는 것이 더 좋을 테니까요

37

우리는 하는 말 중에 '최선을 다하자' 또는 '열심히 살자'라는 말을 자주 합니다. 그런데 생각해 보면 '최선을 다하고' '열심히 살자'는 말이 참 막연할 때가 있습니다. 무엇이 최선이고, 무엇이 열심히일까? 물론 공부하는 학생에게는 열심히 공부하는 것이 최선이고, 직장에 다니는 사람은 직장에 보탬이 되는 사람이 최선일 터이지만 보통 사람들에게 최선을 다하자는 말은 좀 막연하게 느껴집니다. 하지만 불교인으로 말하자면 '최선'이나 '열심히'는 지금 여기에 주어진 인연에 정성을 다하는 것을 뜻한다고 봅니다.

우린 매 순간 인연을 만납니다. 한자리에서 한 가지만 하는 경우는 거의 없습니다. 설령 한자리에서 한 가지 일만을 한다고 해도 매 순간의 마음이 다르며 매 순간 환경도 다릅니다. 그만큼 우리는 매 순간 늘 새로운 인연을 만나고 있는 것인데 매 순간 그 새로운 인연에 정성을 다하는 것이 '최선'이나 '열심히' 사는 모습이라고 할 수 있습니다.

매 순간 새로운 인연에 정성을 다하는 삶이 되어야 할 것입니다.

38

습관을 바꾼다는 것은 불교의 다른 말로 업을 바꾼다는 의미입니다. 전생의 업이란 전생 동안 살아온 습관이 이번 생에도 계속 이어진다는 의미입니다. 흔히 노인분들이 하는 말로 '전생에 내가 무슨 죄를 지어서?'라고 자신을 한탄하기도 하는데 사실은 '전생의 죄'라고 하기보다는 '전생의 습관'이라고 해야 옳을 것 같습니다. 그래서 '전생에 내가 무슨 죄를 지어서'가 아니고 '전생에 내게 무슨 습관이 있어서'라고 한탄을 해야 옳을 것 같습니다. 습관은 그만큼 무섭습니다.

언행을 항상 부정적으로 일삼는 사람은 항상 주변에 부정적인 기운이 따라 올 수밖에 없습니다. 밝고, 환하고, 감사하고 긍정적인 습관을 가진 사람은 또 그렇게 밝고 환한 기운이 따라다닙니다.

이번 생은 물론 다음 생을 위해서라도 말과 행동에서 비판하고, 욕하고, 나무라서 불행을 추구하기보다는 용서하고, 이해하고, 덮어 두어서 행복을 추구하는 긍정적인 습관을 길러야 할 것입니다. 좋은 습관 기른다는 것은 수행과도 같습니다.

• 2장 •

강물을 건너는 지혜

등산을 하기 위해 그냥 무작정 산에 오르는 것보다는 지도나 이미 등산을 해 본 경험이 있는 사람의 안내를 받으면 보다 효과적인 등산을 할 수 있듯이 불교 공부도 좋은 스승의 지도를 받은 수행자는 혼자 하는 수행자들보다 정확하고 빠르게 목표에 다다를 수 있을 것입니다. 마음이 무엇인지? 그리고 그 마음을 아는 수행은 어떻게 할 것인지? 강을 건너는 지혜의 방편을 알아야 할 것입니다.

1절 • 마음 편

1

아무리 아름다운 꽃도 오래 보고 있으면 별로 아름다운 줄 모릅니다. 아무리 맛있는 음식도 계속해서 먹다 보면 맛있는 줄도 모르고, 아무리 좋은 집에 살아도 오래 살다 보면 그저 그렇습니다. 사람도 마찬가지입니다. 처음에는 호기심과 넘치는 매력이 있는 것 같지만 오래 그 사람을 알고 보면 그저 그렇습니다. 그래서 '죽네, 사네' 사랑했던 사람도 결혼하면 부부간에 갈등도 일어나고, 바람이라는 곁눈질을 하게 마련입니다. 인간의 한계 때문에 그렇습니다.

그렇지만 오래 보아도 매 순간 아름답게 느끼는 방법이 있습니다. 그것은 내 마음을 변화시키는 방법입니다. 보는 대상에 색다름을 느끼는 것입니다. 마치 꽃을 예전에는 슬쩍 아름다움을 느꼈다면 이번에는 직접 다가가 색다른 눈으로 꽃을 바라보는 것입니다. 꽃의 색깔을 보고, 모양을 보고, 생명의 신기함을 느껴 보고, '이 꽃은 왜 여기에 피었을까' 사색해 보고. 나의 마음을 변화시켜 보는 것입니다. 그러면 그 꽃은 기적처럼 신기로움을 발산하며 아름다움을 전해 줄 것입니다.

사람도 마찬가지입니다. 예전에 너무 익숙해서 그냥 겉모습만을 보았다면 이제는 색다른 눈으로 그 사람을 느껴 보는 것입니다. 천천히 음미하듯이 그의 좋은 점을 발견해 보는 것입니다. 그러면 예전에 그저 그런 사람이 아니라, 그 사람이 색다르게 보이기 시작하고 다시 새로움으로 설렐지 모릅니다.

이 세상 그 모든 것은 너의 마음에서 일어난 것이 아니라, 바로 내 마음에서 일어납니다. 내 마음가짐이 변하면 똑같은 대상도 내 마음에 따라 변하기 마련입니다. 때문에 나를 변화시키면 늘 똑같은 것도 새롭게 변화시킬 수 있습니다.

모든 것은 너 때문이 아니라, 바로 나 때문입니다. 너의 잘못을 추궁하는 것보다 나의 잘못으로 생각하는 것이 아름다운 삶의 지혜입니다.

2

사람들은 밤이 무섭다고 말합니다. 하지만 낮과 밤의 차이는 없습니다. 사물은 '있는 그대로'에 어둠이 깔려 있을 뿐인데 밤이 되면 무섭다고 합니다. 사물은 달라진 것은 하나도 없습니다. 그러면 무엇이 달라졌는가? 바로 나의 마음이 달라졌습니다. 내 마음속에 '밤'이라는 편견이 생겨 밤이 무섭습니다. 마음이 장난질을 해서 '무섭고, 무섭지 않고' '좋고, 나쁘고'… 등등의 마음을 만들어 낸 것입니다.

이렇듯 모든 현상이 '마음의 장난'이라는 것을 아는 것이 바로 마음공부입니다. 마음공부란 그래서 어려운 것이 아닙니다. '있는 그대로'를 볼 줄 알면 마음공부는 끝입니다.

'있는 그대로'를 보기 위해서는 편견과 추측과 오해와 자기감정들로 얽힌 마음을 제대로 알아야 합니다. 화가 나면 '아! 내가 화내고 있구나.' 욕심을 내고 있으면 '아 내가 욕심을 내고 있구나.' 하고 내 마음을 알아차리는 것입니다. 이 '알아차림'이 바로 위파사나 명상이라고 말합니다.

이 명상을 통해 '있는 그대로' 삶의 진실을 알 수 있는 지혜를 얻고자 하는 것이 바로 우리가 마음공부를 하는 이유입니다.

3

요즘 마음을 살피는 수행을 하다 보니 나름 재미있는 현상을 발견했습니다. 내 마음속에는 천사와 악마가 다 같이 공존한다는 것이었습니다. 천사는 조용하면서도 따뜻하고 사랑스런 모습이었고, 악마는 거칠면서 자극적이고 쾌락적인 모습을 하고 있습니다. 더욱이 악마의 마음에 놀란 것은 불쑥불쑥 무서우리만치 마음이 엉뚱한 발상을 한다는 것입니다.

우리는 간혹 내 마음속에 존재하는 악마 때문에 괴로움 당하는 경우가 있습니다. '내가 왜 이럴까? 혹시 나는 나쁜 사람이 아닐까?' 하고. 특히 성(性)에 관한 한 더욱 그런 것 같습니다. 엉뚱한 상상을 하는 경우도 간혹 있으니까요. 하지만 너무 자괴감을 가질 필요는 없습니다. 아무리 착하고 성스러운 존재라고 하더라도 우리는 너무나 오랜 세월, 수억 년 동안 생존이라는 업(業)과 습(習)을 지어 오면서 누구나 어쩔 수 없이 빚어

온 마음의 결과 때문에 그런 것 같습니다.

모든 사람의 마음에는 천사와 악마를 비롯한 온갖 마음을 다 담고 있다는 사실입니다. 선한 사람이라고 하여 선한 생각만 하는 것이 아니고, 악한 사람이라고 하여 악한 생각만 하는 것이 아닙니다. 선한 사람이든 악한 사람이든 마음속에는 다 같이 선과 악을 가지고 있다는 사실입니다.

단지 선과 악을 어떤 마음으로, 어떤 방향으로, 어떻게 쓰느냐에 따라 '선하다' '악하다'라고 하고 얼굴도 그렇게 변해 가는 것 같습니다. 착하다고 하는 사람은 마음속에 분명 악마가 존재하지만 실제로 행동하는 것은 착한 쪽으로 실행하는 사람이고, 악한 사람은 마음속에 천사가 존재하지만 악한 쪽으로 실행을 하고 있는 사람입니다.

마음에는 우주가 담겨 있습니다.

4

생로병사가 고통스럽다는 것은 우리의 생각 때문입니다. 우리들에게 분별과 생각이 없으면 생로병사가 있을 수 없습니다. 그냥 물은 물이요, 산은 산일 뿐입니다. 분별이나 차별이라는 생각이 있기 때문에 사물을 '있는 그대로' 보지 못합니다. 사물과 나의 마음(사물 + 마음)이 합쳐져서 사물을 본다는 말입니다.

예를 들면 음악을 들으면 있는 그대로 음악을 듣지 못하고 내 마음을 통해서 들으며 '좋다' '나쁘다'라는 생각을 하며 음악을 듣습니다. 경치를 볼 때에도 우리는 있는 그대로 경치를 보지를 못하고 '좋다' '나쁘다'라는 생각을 하며 봅니다. 삶과 죽음도 그냥 삶이고 죽음이어야 하는데 거기에 내 마음이 합쳐져서 '기쁘네' '슬프네'라고 생각하며 삶과 죽음을 봅니다. 만약 우리가 삶과 죽음을 볼 때 우리의 생각과 마음이 없다면 삶과 죽음은 그냥 삶과 죽음일 뿐 그 이상도 그 이하도 아닙니다.

결국 이 모든 일들은 다 내 마음이 만든 것입니다. 일체가 유심조입니다.

5

눈앞에 보이는 산이 참 푸릅니다. 그리고 그 산속에 있는 자그마한 집들도 봅니다. 산이 푸르게 보이는 것은 나의 눈의 인연이 거기에 있었던 것이고, 집들을 보며 '참! 예쁘다'라고 느끼는 것은 나의 눈의 인연이 집에 닿아서 그렇게 느끼는 것입니다.

또한 주변의 사물을 보며 거기에 내 마음이 가는 것은 나의 마음의 인연이 닿아서 그렇게 느끼는 것입니다. 그러고 보면 눈으로 보이는 것 모두가 다 마음이 만든 것입니다.

6

사람이 어떤 생각, 어떤 마음(마인드)으로 살아가느냐는 정말로 중요한 일입니다. 늘 부정적인 생각을 하는 사람은 늘 부정적인 일만 일어나고, 긍정적인 생각을 지닌 사람은 긍정적인 일이 일어납니다. 왜냐하면 모든 행동은 생각에서 나오기 때문입니다.

좀 더 초자연적 입장에서 말하면 생각이나 마음을 파장이라고 말할 수 있습니다. 이 파장은 유유상종이라는 말이 있듯이 서로 같은 파장과 함께 하려 합니다. 부정적인 파장은 부정적인 파장을, 긍정적인 파장은 긍정적인 파장을 부릅니다. 주변 친구도 그렇고 자기를 좋아하는 사람도 그렇고, 좋아하는 일도 그렇습니다. 끼리끼리 유유상종하려 합니다.

그래서 늘 좋은 생각, 좋은 마음을 갖는 것이 참으로 중요한 일입니다. 좋은 파장은 또 다른 좋은 파장을 부르기 때문입니다.

7

우리가 타고난 본성은 쉽게 바뀌지가 않습니다. '긍정적인 마음, 욕심 없는 마음, 성내지 않는 마음 - 이런 마음이 인생을 행복하게 하고 인생을 풍요롭게 한다'라고 우리는 초등학교 때부터 알고 있습니다. 그래서 그렇게 살고 싶은데 내 마음은 내가 마음먹은 대로 따라가지 않습니다. 진정으로 우리는 머릿속으로는 그렇게 살고 싶은데 막상 현실에 부딪히면 마음은 엉뚱한 방향으로 흘러갑니다.

왜 그럴까? 그것은 바로 관성의 법칙 때문에 그렇습니다. 관성의 법칙! 100m를 있는 힘껏 달리다 보면 결승점을 지나도 쉽게 멈추어지지 않습니다. 마음은 그만 멈추고 싶지만 다리는 멈출 수가 없습니다. 우리의 삶에서도 긍정적이고 탐진치에 휘둘리지 않고 살고 싶지만 살아온 습관이 있어서 쉽게 그것을 마음대로 하지 못합니다. 한마디로 전생부터 닦아온 습관 때문이라는 말입니다.

습관은 오랜 세월 꾸준히 연습을 통해 바꾸어야 합니다. 특히 나이가 들어갈수록 마치 나무 등걸이 단단하게 굳어지듯이 우리들의 타고난 본성도 단단하게 굳어 가는데 그것을 바꾸기에는 참으로 많은 수행이 필요합니다. 그래서 수행을 다른 쉬운 말로 이야기하면 '연습'이라고 할 수 있습니다. 좋은 습성을 지니기 위해 꾸준한 연습을 평상시 생활 속에서 이루어야 합니다.

8

마음을 관찰해 보면 두 가지 마음이 있습니다. 『대승기신론』의 표현대로라면 이 두 가지 마음은 생멸심과 진여심이라고 나눕니다. 생멸심은 보통 우리가 화내고 기뻐하고 즐거워하는 그 마음을 가르키며, 진여심이란 우리의 본래의 마음(본성)을 가르킵니다. 보통의 사람들은 이 진여심을 생각하지 않고 생멸심만이 마음이라고 생각하며 살아갑니다.

이 두 가지 마음을 쉽게 비유해 보자면 영화를 생각해 보면 됩니다. 영화는 스크린 위에서 상영합니다. 스크린 위에서 상영하는 영화는 많은 일들이 일어납니다. 전쟁이 나서 폭탄도 터지고, 사랑하기도 하고, 슬퍼

하기도 하는 우리가 가질 수 있는 일들을 영화를 통해 보여 줍니다. 하지만 영화가 끝나면 그 내용들은 사라지고 스크린만 남습니다. 스크린은 폭탄이 터지고 영화 속의 인물들이 아무리 즐거워하고 괴로워하더라도 변함이 없습니다. 그냥 처음부터 똑같습니다. 여기에서 영화는 생멸심이며 스크린은 진여심이라고 생각하면 됩니다.

그러면 생멸심과 진여심이 서로 떨어져 있는가? 아닙니다. 따로 떨어져 존재할 수 없습니다. 마치 영화와 스크린은 하나이듯이 생멸심과 진여심은 따로 존재할 수 없습니다. 『반야심경』의 표현으로 빌리자면 심생멸은 색(色)이고 심진여는 공(空)인데 색즉시공 공즉시색이라고 하여 공과 색이 둘이 아니라고 말을 합니다. 즉 공과 색이 하나이듯이 생멸심과 진여심은 하나입니다.

이것이 불교의 핵심입니다. 수많은 경전과 수많은 불교 법문도 이 이야기가 다입니다. 나머지는 이 마음을 찾기 위해 수행하는 방법을 말하는 것이며, 그 마음을 깨우쳤으면 어떻게 현실에서 적용하느냐 하는 것일 뿐, 깨닫고 보면 다 이 마음을 설명하고 있음을 알아야 합니다.

9

우리가 마음을 이야기할 때 '마음은 어떤 것'이라고 정의할 수가 없습니다. 마음은 어떤 형태도 없으며, 정해진 것도 없고, 일정한 규격도 규칙도 없습니다. 그렇지만 마음은 느낄 수 있고 내 속에 존재하고 있음을 알 수 있습니다.

또한 마음은 거울과 같아서 온갖 것을 다 비추지만 비출 때뿐, 곧 사라지고 또 다른 것이 오면 그 또 다른 것을 비추어 줄 뿐입니다. 있는 것 같지만 실체가 없습니다. 그래서 마음은 공(空)입니다.

10

이 마음이라는 것이 참 요상스럽습니다. 똑같은 일을 해도 마음 하나 잘 챙기면 힘든 것도 힘들지 않은데, 힘들다고 마음먹으면 더욱더 일이 힘들어집니다. 다 이 마음의 작용 때문입니다.

차를 타고 갈 때 어떤 괴로운 일이 있으면 아무리 좋은 경치가 창밖에 펼쳐진다고 해도 그런 것들이 눈에 하나도 들어오지 않습니다. 경치도 없습니다. 그저 한 생각에 사로잡혀 있을 뿐입니다. 그때 그에게는 세상은 없는 것입니다. 그런데 그 반대로 마음이 풍요롭고 행복하면 온갖 것이 행복하게 보입니다. 곁을 지나가는 사람들이 행복하게 보이고 하다못해 나무들조차도 행복하게 보입니다.

모든 것이 이 마음의 작용 때문에 그렇습니다.

11

만약 마음의 실체를 찾아보았던 사람이라면, 마음의 실체가 없다는 것을 알아챘을 것입니다. 마음은 사실 텅 비어 아무것도 없습니다. 무성(無性)입니다. 그러면 지금 화나고, 미워하고, 원망하는 마음은 무엇일까? 바로 그림자 같은 허깨비입니다.

마음이 허깨비가 아니라, 실제로 존재하는 것이라면, 그 미워하고 화나고 원망하는 마음은 계속 지속되어야 합니다. 그런데 조금 시간이 지나면 그런 마음은 곧 사라지고 맙니다. 마치 그림자나 허깨비가 사라지는 것처럼. 그 마음의 실체를 가만히 관찰해 보면 마음이란 외부의 경계에 따라 나타나는 일시적인 현상일 뿐 영원히 지속할 수 없는 실체가 없는 존재라는 것을 알 수 있습니다.

따라서 '나의 마음'이라고 생각하는 이 마음은 텅 비어서 허공과 같은 것입니다. 비 온 날에 무지개를 본 적이 있을 것입니다. 하늘에 아주 둥글게 펼쳐진 무지개. 분명 그 무지개는 모든 사람들의 눈에 보일 정도로 존재하는 것이지만 막상 찾아보면 없습니다. 마음도 마찬가지입니다. 화나고 미워하는 마음은 분명 존재하는데 그 마음의 실체를 찾아보면 없습니다. 인연 따라 움직이는 것은 실체가 없듯이 이 마음도 실체가 없다는 것을 알 수 있습니다.

12

우리는 사람들의 지위나 계급 또는 나이를 말할 때 '위아래'라는 말로 대신합니다. 그래서 꾸지람을 할 때 가끔 '너는 위아래도 없냐?'라는 말을 합니다. 이 말인 즉 계급이나 지위 또는 나이 등을 분명히 깨닫고, 스스로 잘 처신하라는 말입니다. 사회생활을 하는데 꼭 필요한 말입니다. 하지만 불교적 입장에서 보면 '위아래'라는 것은 없습니다.

'위'에 있는 것을 '위'에서 보면 '위'가 없고 '아래' 있는 것을 '아래'에서 보면 '아래'가 없습니다. 위아래라는 것은 어떤 기준이 있어서 그 기준에서 볼 때 위와 아래가 있는 것이지 기준이 없는 위아래는 막연할 뿐입니다.

우리가 늘 하는 분별이라는 것도 그 분별의 기준이 없으면 분별이 생길 수 없습니다. 우리 머릿속에 분별이나 생각이 있다면 세상은 존재하지만 우리 머릿속에 분별이나 생각이 없다면 세상은 존재하지 않습니다.

이 세상 모든 것은 '내 마음'이라는 기준이 만들어 낸 것 허구입니다.

13

어제 M회사 주식 한 주의 가격이 5,000원이었습니다. 오늘 M회사 주식 한 주의 가격은 5,500원입니다. 내일은 어떤 가격이 될지 모릅니다. 그러면 M회사 주식의 가격은 정확하게 얼마입니까?

여기에 대해 정확하게 답변할 수 있는 사람은 아무도 없을 것입니다.

왜냐하면 주식 한 주의 가격은 매일매일 변하고 매시간 매분마다 변하기 때문에 M회사의 주식의 값이 '얼마다'라고 말할 수 있는 사람은 아무도 없습니다. M회사의 주식 이름은 있지만 그 실체 가격은 아무도 모릅니다. 시시각각 변하기 때문입니다.

우리들의 마음도 이와 같습니다. 과거의 마음, 현재의 마음, 미래의 마음 중에 어느 마음에 점을 찍어야 나의 마음입니까? 이 말에 대답할 사람은 아무도 없습니다. 나의 마음은 계속 변하고 있어서 어떤 것이 나의 마음인지 알 수가 없습니다. 점심(點心)을 할 수가 없습니다.

하지만 우리의 마음자리(불성, 본성)는 늘 줄지도 늘지도 않고 변함없는 그 자리입니다. 그 마음이 있게 하는 그 마음자리를 알아야겠습니다.

14

테이블 위에 있는 사과를 열 명의 학생들에게 보여 준다면 그 사과의 모양과 느낌은 각기 다를 것입니다. 그것은 보고 있는 각자의 위치가 다르고, 그 사과를 보는 느낌이 각자가 다르기 때문입니다.

우리가 어떤 사물을 보는 데는 항상 주관 + 객관이 있을 때, 사물을 볼 수 있습니다. 주관만 있어도 사물을 볼 수 없고, 객관만 있어도 사물을 볼 수 없습니다. 따라서 똑같은 사과라도 열 명의 학생이 보고 있으면 10개의 사과가 생깁니다. 열 명의 학생이 각자의 주관을 가지고 보기 때문에 10개의 사과가 생긴다는 의미입니다.

또한 사과를 보고 있지만 다른 생각을 하고 있는 학생이 있다면 사과는 없다는 의미이기도 합니다. 즉, 마음이 없으면 사물이 없다는 말과 상통하는 말입니다. 또한 마음에 따라 온갖 사물이 생겼다, 사라졌다 한다는 의미도 됩니다.

15

마음이 맑으면 '깨달음이 무엇인지?' 맑은 물속의 자갈을 보듯 쉽게 알 수 있지만 마음이 맑지 못하면 아무리 깨달음을 쉽게 설명해도 알 수가 없습니다. 우선 마음이 청정해야 합니다. 그래야 진리를 보는 힘이 생깁니다.

마음이란 정해진 형상도 없고, 정해진 성품도 없습니다. 단지 물에 바람이라는 인연이 닿으면 파도가 일듯이 마음에 인연이 닿아 갖가지 세간의 모습을 나타내는 것입니다. 때문에 이 마음이 온갖 법이고, 법이 곧 마음입니다.

16

삶이란 꿈의 재질로 만들어져 있습니다. 어제 일이란 우리의 기억 속에서만 존재할 뿐입니다. 어제의 일은 분명 존재했지만 현재는 오지 못할 일이며 사라져 버린 일입니다. 그래서 삶은 꿈같다고 말합니다.

하지만 중생들은 꿈을 꿈이라고 생각하지 못하고 삽니다. 어제의 일을 존재하는 현실이라고 인식하고 있으며 오늘과 같이 분명 존재하고 있다고 생각하고 삽니다. 그래서 끝없이 과거에 집착하여 괴로워합니다. 꿈속에서 허덕이며 살고 있습니다. 마치 어젯밤 꿈에서 괴롭힘 당한 것을 현실로 인식하며 괴로워하는 것과 같습니다.

깨달음이란 그런 잠에서 깨어나는 것과 같습니다. 잠에서 깨는 것 - 그것이 깨달음입니다.

17

며칠 전에 문턱에 발이 부딪히는 바람에 발톱이 빠져 버렸습니다. 그런데 발톱이 완전히 빠진 것이 아니라 빠질 듯 건들거려서 몹시 아프고 괴로웠습니다. 그래서 자꾸 신경이 쓰이고 발톱을 빼려고 만지작거리니 오히려 발가락이 뻘겋게 붓고 더욱 성난 듯 욱신거렸습니다. 놀란 마음에 약을 바르고 밴드로 싸서 그대로 놓아두었더니 며칠 사이에 이윽고 발톱이 빠져 버렸습니다. 그 발톱을 보며 문득 생활의 깨달음이 있었습니다. 우리들의 상처 받은 마음도 그렇게 가만히 놓아두면 나을 거라는 작은 깨달음입니다.

우리들은 주위 사람들로부터 알게 모르게 마음의 상처를 받고 살아갑니다. 가장 가까운 가족, 직장 동료, 친구 등과 같이 마음의 상처는 멀리서 오는 것이기보다는 가까운 곳으로부터 오는 경우가 많습니다. 이런 마음의 상처가 있을 때 그것을 분석하고, 따져 보고, 집착하고, 억울해 하며 항변하려고 하면 할수록, 그래서 자꾸 그 상처를 되씹어 볼수록 그 상처는 낫기는 커녕 오히려 더욱 나빠집니다.

마음의 상처가 있을 때 그 마음에 집착하기보다는 마음을 쉬게 만드는 것이 좋을 듯싶습니다. 마음의 상처도 세월이 흐르면 나아지리라 생각하고 묻지도, 따지지도 말고 그냥 덮어 두는 것입니다. 물론 덮는 마음이 쉽지는 않겠지만 세월이 가면 저절로 마음의 상처도 나아집니다. '세월이 약이겠지요'라는 옛날 유행 가사처럼 말입니다.

18

세상의 모든 것이 마음에 따라 움직입니다. 일체가 유심입니다. 마음에 따라 달라지는 것도 마음이지만 그 마음을 움직이는 것도 마음입니다. 마음을 움직이는 것도 마음이라는 것을 확실하게 깨우치는 것 - 그게 견성입니다.

온갖 것이 이 마음입니다. 밥 먹고, 화장실 가고, 손 올리고, 세수하고, 책 보고…(이 마음을 道, 불성, 부처 본래면목, 본성으로 바꿔 불러도 상관없습니다).

19

생멸하는 마음은 바람에 흔들리는 갈대처럼 변화무쌍합니다. 만해 스님의 말처럼 황금의 꽃같이 굳고 빛나던 옛 맹세도 마음의 변덕에 따라 한숨의 미풍에 날아가고 맙니다. '백 년을 너만을 사랑하겠다.' '어떤 일이 있더라도 이 계획은 변함없을 것이다.' 등등의 마음가짐도 새로운 그 무엇이 오면 눈 녹듯 사라지고 마는 것이 우리들의 마음입니다. 그만큼 우리들 마음은 갈대입니다. 파스칼이 '인간은 생각하는 갈대'라고 했지만 우리들 마음이 곧 갈대입니다. 생멸하는 마음은 믿을 것이 못 됩니다.

20

마음을 가만히 바라보면 마음은 없습니다. 마음이 실제로 존재하는 것 같지만 단지 인연 따라 잠시 왔을 뿐 마음은 없습니다. 화가 나서 화난 마음을 지켜보면 화는 잠시 후 사라지고 텅 빈 마음만 남습니다. 그리고 그 텅 빈 마음에 반가운 친구가 왔다면 반가운 마음이 듭니다. 마음은 바람에 흔들리는 갈대처럼 그때그때 상황에 따라 빨간색이 오면 빨간색을 비추고, 파란색이 오면 파란색을 비출 뿐입니다. 그리하여 마음이라는 실체는 어디를 봐도 없는 텅 빈 허공과 같이 빈 마음입니다.

혜가가 달마에게 말했습니다.

"스님 마음이 괴롭습니다."

"그래, 그러면 그 마음을 가져오너라. 그 마음을 가져오면 너의 괴로움을 고쳐 주겠다."

이 말에 혜가는 크게 깨달았습니다. 괴로운 마음을 내놓고 싶어도 마음을 내놓을 수가 없습니다. 마음은 원래 없기 때문입니다.

괴로움 즉 번뇌를 번뇌로 알면 중생이고, 번뇌가 보리임을 알면 부처입니다. 번뇌는 닦아서 없애는 것이 아닙니다. 화나는 마음을 아무리 참는다고 해도 화나는 마음이 사라지지 않습니다. 화 자체가 없음을 알아야 합니다. 번뇌가 원래 공임을 알면 번뇌는 사라집니다.

21

마음 문을 열면 온 세상 다 받아들이다가도, 마음 문을 닫으면 바늘 하나 꽂을 자리 없다는 마음. 그것은 마치 TV의 리모컨으로 전원을 넣으면 TV 화면이 살아나고 전원을 끄면 TV의 브라운관만 있는 것처럼 이 세상이 모두 마음에 달려 있습니다. 즉 이 마음 하나가 우주를 들었다 놓았다 하는 것입니다. 그야말로 세상 온갖 것을 다 만드는 것이 우리들의 마음입니다. 왕에서부터 미물까지 마음속에는 없는 것이 없습니다. 그래서 겨자씨 속에 수미산이 들어가기도 하고, 마음에 따라 온 우주를 펼쳐 보일 수 있습니다. 일체가 유심입니다. 그러나 그런 마음의 근본은 텅 빈 허공입니다. 마음은 청청한 빈 공간입니다.

그런데 사람들은 실재하지 않는 이 마음 하나를 어쩌지 못해 괴롭고,

힘들다고 고통스러워합니다. 늘 사용하는 이 마음 하나를 똑바로 알지 못하는 것이 현재 우리들의 삶입니다.

22

'세상은 마음먹기 달렸다'고 사람들은 말을 많이 합니다. 그래서 화나고, 괴롭고, 슬픈 것들도 마음 하나 잘 먹으면 그 괴로움에서 벗어날 수 있고, 부정적인 마인드를 버리고 긍정적인 마인드로 살면 항시 즐겁고 젊게 살 수 있다고 많은 지자(智者)들은 말을 합니다. 또한 불치병을 앓았던 환자들이 긍정적인 마음으로 살다 보니 '병이 고쳐졌다'라는 말들도 많이 들어 보았을 것입니다.

그러나 실제로 긍정적인 마인드로 사는 사람보다도 부정적인 마인드로 사는 사람이 세상은 훨씬 많은 것 같습니다. 오늘도 눈뜨기가 무섭게 TV를 켜고 사회의 좋지 못한 모습들을 보며 누군가에게 욕을 하는 사람들이 있을 것이고, 일어나자마자 잔뜩 찡그린 모습으로 짜증스럽게 하루를 시작하는 사람도 있을 것이고, 좋은 반찬 앞에서 투덜거리는 사람도 있을 것입니다. 긍정적인 생각이나 말보다는 부정적인 생각이나 말을 하며 하루를 보내는 사람들이 많은 현실입니다.

마음 하나 다스리기가 천만의 군대를 다스리기보다 힘들다고 『불경』에도 나와 있지만 마음 하나 잘 먹는다는 것이 참으로 힘든 일입니다. 오늘 하루 내가 어떤 마음으로 살고 있는지 한번 지켜볼 일입니다.

23

수행자들은 되도록 뉴스와 같은 언론을 멀리해야 합니다. 물론 뉴스 중에는 아름다운 내용의 이야기도 있지만 대부분의 뉴스의 내용은 거의 부정적인 내용으로 채워져 있어 마음이 부정적으로 흐를 가능성이 큽니다. 부정적인 내용의 뉴스를 보면서 분노를 느낀다든가, 동조하는 마음을 느낀다면 마음의 파장이 커져서 그만큼 감정의 진폭이 커질 수 있습니다. 감정의 진폭이 커지면 마음의 파장도 커져서 고요하고 청정한 마음을 가질 수가 없습니다. 맑은 물은 밑바닥이 훤히 보이듯이 고요하고 청정한 마음은 진리를 그만큼 가까이할 수가 있지만 흐린 물은 밑바닥이 보이지 않습니다. 그만큼 진리에서 멀어지는 것입니다. 따라서 수행자는 마음을 흐리게 하는 뉴스를 멀리해야 합니다.

그렇다고 중생들의 아픔을 외면하자는 말은 아닙니다. 중생의 아픔을 함께하되 감정 진폭이 심해지는 뉴스를 되도록 삼가자는 말입니다. 자칫 감정의 노예가 될 수 있기 때문입니다. 물론 수행이 깊어지면 세상에 일어난 세간 일들이 그저 '그런가?' 하고 여여하게 느껴질 것이지만 말입니다.

24

요즘 알게 모르게 외로움을 호소하는 분들이 많아진 것 같습니다. 생활은 예전에 비해 훨씬 편하고 편리해졌는데 무엇 때문에 그렇게 외로움이 많아졌는지 언뜻 보면 이해하기가 어렵습니다. 하지만 그 이유는 간단합니다. 바로 물질문명의 발달 때문입니다. 물질이 풍요로울수록 편리함 대신 그만큼 우리에게 행복을 빼앗아 가 버렸기 때문입니다.

예전에는 집에 즐거운 일이 생기면 동료나 친구들을 집으로 초대했습니다. 음식 차리는 사람이 힘들기는 해도, 같이 먹고 나누며 행복해했습니다. 하지만 요즈음은 그런 풍경이 사라지고 있습니다. 가족들조차도 집에 오는 것을 꺼려합니다. 모두 다 밖에서 해결하고 맙니다. 편한 세상이 되었지만 왠지 거기에는 외로움이 있습니다. 편한 만큼 우리는 그만큼 외로움을 감당해야 합니다. 받는 것이 있으면 반드시 주는 것이 세상의 법칙입니다.

25

마음을 다스리기 위해서는 팔정도에서 말하는 정견을 해야 합니다. 즉 '바르게 보라'는 것인데 바르게 본다는 것은 마음의 근본인 불성이나 마음자리를 봐서 무아, 무심의 세계로 들어간다는 말입니다.

불성이나 마음자리를 만약에 비유를 한다면 거울 그 자체라고 할 수 있습니다. 거울에 비친 세상은 실상이 아닌 허상입니다. 바르게 본다는 것은 이 세상이 그림자나 환(幻)처럼 허상이라는 걸 확실하게 깨닫는 것이며 실재로 존재하지 않는 것으로 안다는 것입니다.

이처럼 이 세상을 정견의 눈으로 본다면 화낼 이유도 없고, 욕심 부릴 이유도 없어집니다. 모두 다 꿈속 일인데 화내서 무엇 하고 욕심내서 무엇 하겠습니까? 이렇게 될 때 마음이 다스려집니다.

26

'욕심을 어떻게 해야 버릴 수 있는가?' 하는 질문을 자주 받습니다. 하지만 욕심은 버린다고 해서 버려지는 것이 아닙니다. 전생에 주어진 업보와 타고난 DNA로 인하여 욕심은 잘 버려지지 않습니다. 욕심을 버리는 방법은 마음을 전환을 해야 욕심을 버릴 수가 있습니다.

우선 작은 것에 감사하는 마음을 가져야 합니다. 작은 것에 감사하는 마음 없이는 욕심을 버릴 수가 없습니다. 욕심은 만족하지 않는 마음에서 생기기 때문입니다. 자꾸 작은 것에도 만족하는 습관을 들여야 됩니다. 만족하는 습관은 감사하는 마음에서 비롯됩니다. 아파서 병들어 누운 사람의 소원은 억만금의 돈보다도 거지라도 좋으니 건강하게 마음 놓고 돌아다녀보는 것이 소원일 것입니다. 그러고 보면 오늘 이렇게 돌아다닐 수 있어서 감사하고, 밥을 먹을 수 있어서 감사하고, 친구들과 편안히 이야기 나눌 수 있어서 감사하고…. 감사한 것을 찾아보면 참 끝도 없이 많습니다. 이런 감사하는 마음은 삶을 긍정적으로 바꾸는데, 그런 긍정적인 마음이 바로 욕심을 없애는 한 방법이 될 것입니다.

그런데 사실은 긍정적이고 감사한 마음을 가지고 산다고 해도 욕심은 버려지지가 않습니다. 마음의 찌꺼기가 있기 때문입니다. 근본적으로 욕심을 없애는 방법은 근본 즉 색이 공임을 확실히 깨달아야 욕심을 버릴 수 있습니다. 하지만 근본을 안다는 것이 어려우니 임시방편이나마 욕심을 버리는 방법은 긍정적이고 감사한 마음을 가져 보자는 이야기입니다.

27

거울 속에 비친 모든 사물은 허상입니다. 거울 속에 1억짜리 수표가 들어 있으니 가져가라고 해도 가져갈 수가 없습니다. 거울 속에 비친 음식물 쓰레기가 냄새가 난다고 해서 맡아 보면 냄새가 나지 않습니다. 거울 속에 비친 외제 차와 값싼 차를 비교한다고 해도 별로 의미 없습니다. 외제 차나 값싼 차나 거울 속에 있기 때문입니다.

우리가 깨우친다는 것은 마치 마음이라는 거울을 가지고 사물을 보는 것과 같습니다. 거울 속에 비친 1억짜리 수표가 의미 없듯이 깨우친 사람의 마음속에 비친 1억짜리 수표는 의미 없습니다. 디오게네스가 그저 한 줌의 햇빛만이 필요하듯이 무심의 경지를 이룬 사람에게는 세상이 그저 마음의 거울에 비친 허상일 뿐입니다. 하지만 범부들은 눈에 보이는 세상을 허상으로 보지 않고 실재한다고 생각하기 때문에 그것으로 울고 웃으며 희로애락의 삶을 살아갑니다.

따라서 깨달은 사람과 범부와의 차이는 한 끗 차이입니다. 마음이라는 거울에 비친 사물을 보느냐? 마음이라는 거울을 잊고 그 허상을 진짜라고 믿고 사느냐? 그 차이입니다. 깨달음이란 이렇게 코 만지는 것보다 쉽습니다. 하지만 사람들은 마음에 비친 허상을 진짜로 믿고 살기에 깨달음이 어렵다고 합니다.

선사들의 화두는 모두 말장난입니다. 사람들이 그렇게 철석같이 믿고 있는 허상을 깨기 위해 그렇게 말장난을 하고 있는 것입니다. '있다'커니, '없다'커니, 있어도 때리고, 없어도 때리고, 말해도 죽고, 말 안 해도 죽고, 정말 사력을 다해 친절을 베풀고 있는 것입니다. 거울 속에 비친 허상이 아니라 실상을 보여 주기 위해서 그렇습니다. 그 실상을 본래면목이라고 하고, 본성이라고 하고, 한 마음(일심)이라고 합니다.

만법은 공입니다. 산도, 강도, 바다도, 하늘도…. 내 마음에 비친.

28

눈앞에 보이는 연초록 산이 참 푸릅니다. 그리고 그 산속에 있는 자그마한 집들도 아름답습니다. 산이 푸르게 보이는 것은 나의 마음이 온전히 거기 있기 때문이고, 집들을 보며 '참! 예쁘다'라고 느끼는 것은 나의 마음이 온전히 그렇게 느끼기 때문입니다. 마음의 때가 없이 온전하게 있는 그대로 보기 때문입니다.

그런데 내 마음이 어떤 고민에 빠져 있다면 아무리 좋은 경치가 창밖에 펼쳐진다고 해도 그런 것들은 눈에 하나도 들어오지 않습니다. 오로지 번민 속에 마음은 복잡하게 작용할 뿐입니다. 그럴 땐, 나에게는 앞산의 경치가 없습니다. 아무리 아름다운 앞산이 펼쳐 있어도 나에게는 아름다운 저 풍경이 없는 것입니다.

있는 그대로 볼 수 있고, 있는 그대로 들을 수 있는 사람은 진정 행복한 사람입니다. 마음의 색안경을 벗어 버린 사람이기 때문입니다. 지금 여기에서 '나'라는 존재가 사라졌기 때문입니다. 그런 사람은 차 한 잔으로도 충만할 수 있고, 작은 풀꽃 하나에도 행복할 수 있고, 스치는 봄바람에도 충분히 기쁨을 느끼는 사람입니다. 깨끗한 갓난아이의 마음이기 때문입니다.

2절 • 수행 편

1

우리들의 마음은 텔레비전의 리모컨처럼 마음대로 내 마음을 돌릴 수가 없습니다. 내 마음이니까, 내 마음대로 내가 원하는 것을 보고, 듣고 할 것 같은데 마음은 텔레비전의 리모컨처럼 마음대로 돌아가지 않습니다. 내 마음을 내 마음대로, 내 원하는 대로 우리는 돌리지 못하고 삽니다. 보기 싫은 세상을 보아야 하고, 듣기 싫은 것을 들어야 합니다. 마음의 채널을 돌리고 싶어도 채널이 돌아가지 않습니다. 보기 싫고 듣기 싫을 때, 마음은 다른 채널로 돌리고 싶은 마음이 간절한데 어찌 된 것인지 내 마음의 채널은 내 마음대로 되지 않습니다. 뻣뻣하게 채널이 고정되어서 돌아가지 않습니다. 마음의 채널을 돌려 꼴 보기 싫은 세상을 긍정의 눈으로 보고 싶은데 마음의 채널은 어찌 된 것인지 돌아가지 않습니다. 싫고 미운 마음에서 벗어나 환하고 밝은 마음으로 전환하고 싶은데 내 마음은 여전히 채널 고정으로 밝고 환한 쪽으로 돌아가지 않습니다. 왜? 그것은 바로 오랜 세월 굳어져 살아온 우리들의 습(習) 때문에 그렇습니다. 전생의 인연 때문에 그렇습니다. 오랜 세월 전생의 인연과 굳어진 습이 내 무의식을 꽉 메우고 있어서 내 마음은 내 마음대로 채널이 돌아가지 않습니다.

그러면 어떻게 해야 마음의 채널을 내 마음대로 돌릴 수 있을까? 그것은 내 마음을 내 마음대로 하겠다는 서원이 있어야 합니다. 의식의 전환입니다. 이 세상에서 살면서 때 묻었던 세계에서 벗어나 자유와 해탈을 향한 의지.

한 번만 아니라 끊임없이 변화될 때까지 마치 우리가 살아온 업이나 운명을 바꿔야겠다는 절박함으로 계속해서 좋은 감정, 좋은 마음, 긍정적인 생각을 의식 속에 주입을 해야 할 것입니다. 나의 정신이 건강하기를, 나의 마음이 평화롭기를…. 더 나아가 무아의 지혜를…. 그리고 무심의 생활을…. 의식적으로 계속해서 주입하다 보면 서서히 나의 의식과 행동이 바뀌기 시작합니다. 의식과 행동이 바뀌면 습이 바뀌고, 습이 바뀌면 뻣뻣했던 마음이 돌아가기 시작합니다. 그리고 마침내는 내 마음대로 내 의지대로 리모컨을 바꿀 수 있습니다. 운명과 업에서 벗어나기 시작하는 것입니다.

결국 내 마음을 내 마음대로, 내 원하는 대로 살기 위해서는 바로 수행이 필요한 것입니다. 수행을 통해 나의 의식의 전환이 필요합니다. 의식의 전환을 통해 바깥 경계에 휘둘리지 않고, 내 마음대로 내가 원하는 대로 살 수 있다는 말입니다. 이 세상 모든 것이 바로 내 마음 안에 있기 때문입니다. 누구 말대로 동전 두 개만 있으면 우주가 사라집니다. 즉 동전 두 개를 눈에 붙이면 우주가 사라진다는 말입니다.

그렇듯 내 마음을 내 마음대로 살기 위해서는 수행이 필요한 이유입니다.

2

등산을 하기 위해 그냥 무작정 산에 오르는 것보다는 지도나 이미 등산을 해 본 경험이 있는 사람의 안내를 받으면 보다 효과적인 등산을 할 수 있습니다. 그렇듯 수행도 좋은 스승의 지도를 받은 수행자는 혼자 하는 수행자들보다 훨씬 정확하게 빠르게 목표에 다다를 수 있을 것입니다.

그러나 좋은 스승을 만나기란 참 힘듭니다. 평생을 통해도 그런 스승을 만나기가 어려운 것이 현실입니다. 보통의 은사님이나 스승님들은 깨달음을 대체로 이루지 못한 분들이기에 그분들의 지도를 받는 것은 어느 정도의 한계가 있습니다.

그렇지만 깨달음에 대한 강한 믿음을 가지고 꾸준히 수행을 하다 보면 좋은 인연이 생기게 마련입니다. 파장이 맞는 사람이 틀림없이 자기를 부를 것이기 때문입니다. 현실적인 스승이 없다면 좋은 책이 스승이 되는 경우도 있습니다.

결국 수행은 좋은 은사님 밑에서, 자기에 맞는 수행법을 찾아 수행을 하는 것이 최고로 좋은 길이겠지만 만약 이런 사정이 여의치 않다면 책에 나오는 정법을 찾아 수행하는 것도 좋은 것 같습니다.

정상을 오른 길에는 여러 가지 길이 있듯이 수행에도 정도가 없습니다. 수행자는 자기에 맞는 수행법을 찾아 수행하는 것이 가장 좋은 수행입니다.

3

올해도 여전히 많은 스님들이 동안거 기간에 절에서 수행한다는 소식이 들립니다. 입제를 하는 스님들의 각오도 새롭고, 대오견성 하겠다는 열정 또한 뜨겁습니다. 견성을 소리 내어 말할 것은 아니지만 그래도 올해는 미미한 훈풍이라도 들려왔으면 좋겠다는 바람을 가져 봅니다.

선운사 고랑으로
선운사 동백꽃을 보러 갔더니
동백꽃은 아직 일러 피지 않았고
막걸리집 여자의 육자배기 가락에
작년 것만 시방도 남았습디다
그것도 목이 쉬어 남았습디다

– 「선운사 동구」, 서정주 –

이 시를 읽다 보면 수행자의 고통이 느껴지는 것 같습니다. 수행이 깊어졌나 생각하면 동백꽃이 아직 일러 피지 않은 것처럼 때를 더 기다려야 할 것 같고, 여전히 작년 것만 목이 쉬어 남아 있는 막걸리집 여자의 육자배기처럼 견성성불은 여전히 제자리에 멈춰 있습니다. 본질을 보고 견성은 했다 하더라도 그 본질의 지혜가 지금 여기에서 마치 익숙한 운전기사처럼 익어야 하는데 그것이 잘 숙성되지가 않습니다. 견성은 하였으나 성불하기가 참 어렵다는 이야기입니다. 도를 보았으면 도인처럼 살아야 하는데 아직도 경계를 만나면 중생이 되어 세상살이를 벗어나지 못하고 있습니다. 안타까운 마음입니다. 그래서 수행은 말 그대로 어려운가 봅니다.

4

수행이 힘들지만 수행자는 수행을 계속해야 합니다. 그리고 반드시 이번 생에 그 결말을 봐야 합니다. 윤회 속에서 우리들 생은 계속된다고 하지만, 지난 생을 모르면서 이번 생을 살아야 하는 것은 이번 생밖에 없는 거나 마찬가지입니다. 따라서 이번 생에 부처가 되는 성불까지는 어렵다 해도 이번 생에 최소한 견성 즉 본질이라도 깨닫고 말겠다는 서원은 필요합니다. 한번 태어난 인생인데 도대체 '내가 누구인지?'조차 모르고 생을 마감한다는 것은 억울한 일입니다.

도대체 '나는 누구일까요?'

생각해 보면 이름도 내가 아니며, 내 육체도 내가 아니고, 그렇다고 내 기억이 담긴 뇌도 내가 아니며, 순간순간 흔들리는 내 마음도 내가 아니고, 내 직업이, 누구누구의 자식이, 누구누구의 아비가 더욱 나는 아닙니다. 그렇다면 나는 누구일까?

이 해답을 찾기 위해서는 우리는 꾸준히 수행을 해야 하고, 그 해답이 나올 때까지 묻고 물어야 합니다. 물론 선각자나 깨친 사람들은 '무엇을 찾는다.' '무엇을 얻어야겠다.'라는 것이 잘못된 수행이고 그렇게 할 필요

없이 '찾는 이'가 이미 깨달은 자라고 말을 하고 있지만 그 단계까지 가지 못한 사람은 수행을 통해 나 자신이 누구인지를 알아야 합니다. 강을 건너기까지는 뗏목이 필요합니다. 그래서 먼 훗날 선각자들이 말한 '물속에서 물을 찾는' 오류에서 벗어나야 합니다.

5

수행은 흔히 자기 집에서 자기를 찾는 것이라고 합니다. 우리들은 자기 집에 있는데 자기 집인 줄 모르고 계속해서 자기 집을 찾고 있습니다. 물속에 살면서도 계속해서 목말라하며 물을 찾고 있는 것이나 마찬가지입니다. 그것은 바로 어리석음 즉 무명 때문이라고 합니다.

이 어리석음이야말로 중생들이 가지는 가장 큰 업입니다. 이 어리석음 때문에 평생을 탐욕을 충족시키기 위해 살아가다가, 죽음에 이르러 그제야 그 탐욕들이 아무것도 없는 허공 꽃이었다는 사실을 깨닫는 것이 중생들의 삶입니다.

어리석음에서 벗어나는 것은 결국 수행밖에 없습니다. 수행을 통해 지혜를 얻어야 합니다. 지혜라는 것이 꼭 부처님 같은 구경각 깨달음만은 아닙니다. 최소한의 무아에 대한 생각이나, 연기 같은 것만이라도 깨달아서 삶을 살면서 고(苦)에서 벗어나려는 노력이라도 하면서 살자는 이야기입니다.

6

스님들이나 수행하는 불자들은 공부하기 좋은 절이나 장소를 찾아 움직입니다. 아무런 장애도 받지 않고 수행을 최적의 환경에서 하고 싶은 마음에서 수행 장소를 찾아다닙니다. 산과 바다 그리고 이름이 나 있는 큰스님이 계신 곳.

하지만 대부분의 불자들은 그런 좋은 환경에서 공부를 할 수 있는 여건은 안 됩니다. 직장을 다녀야 하고, 가정을 꾸려야 하는 입장에서 편하게 수행한다는 것은 언감생심입니다. 그렇다고 수행에 목적을 두고 살아온 수행자들은 일생을 통해 꼭 하고 싶은 수행을 소홀히 할 수 없습니다.

그런 분들에게 권하고 싶은 명상법이 있습니다. 그것은 남방 불교에서 행하고 있는 위파사나 명상인데 늘 깨어 있는 자세로 현재의 나의 마음 상태를 살펴보는 수행입니다. 내 마음이 욕심을 내고 있는지, 어리석은 생각을 하고 있는지, 분별을 하고 있는지, 시비를 가리고 있는지 등등 마음의 상태를 살펴서 무아의 지혜를 통해 불심으로 들어가는 염기즉각(念起卽覺) 수행입니다.

이 수행은 특별한 장소나 특별한 시간을 내어 하는 것이 아닙니다. 지금 여기에서 즉각 즉각 행하는 수행입니다. 이 수행법은 특별한 시간이나 장소가 필요치 않은 수행으로 수행을 원하는 보통의 사람들에게 권하고 싶은 수행법입니다.

사실 수행이란, 특별한 장소나 특별한 시간을 내어 하는 것이 아닙니다. 수행은 매 순간, 어떤 장소에 있든 이루어져야 하고, 해야 합니다.

7

수행은 아무리 좋은 환경 속에 있어도 수행을 하겠다는 정신 상태가 올바르지 않으면 아무런 소용이 없습니다. 수행이 늘 고통스럽고 힘든 일이라고 생각이 든다면 지옥에서, 불구덩이에서 고통 받고 있는 것과 별반 다름이 없습니다. 더구나 하기 싫은 화두를 잡고 자리에 앉아 시간만 때우는 그런 수행을 하고 있다면 당장 때려치우는 것이 몸에도 좋고 정신 건강도 좋습니다.

수행은 재미있는 영화를 본다든가, 재미있는 게임을 할 때처럼 재미있어야 합니다. 수행이 재미있으면 옆에 별스런 일이 일어나도 눈에 보이거나 귀에 들리지 않습니다. 오로지 거기에 정신이 집중되어 있습니다. 수행삼매에 들어간 것입니다. 수행도 푹 빠져서 하면 바깥 경계에 아무런 관심도 없습니다. 수행은 고통스러운 것이 아니라 재미가 있어야 합니다.

8

흔히 구도의 과정을 신해행증(信解行証)이라고 하는데 제일 먼저 해야 할 일은 우선은 믿는(信) 것이 중요한 것 같습니다. 진리를 체험하지 않아도 그냥 믿는 것입니다. 진리는 공(空)이며 '본래 한 물건도 없습니다.' 이 사실을 분명히 체험하지 못했거든 그냥 믿는 것입니다.

우리가 보고 듣고 살아가는 것은 그저 그 한 물건도 없는 '본래무일물'의 그림자이며 메아리라는 사실을 그냥 믿는 것입니다. 그래서 욕심이 생기면 '아, 그래 이것은 그림자일 뿐이야.'라고 생각하면서 욕심을 덜 내고, 화나는 일, 미워하고 싫어하는 일, 두렵거나 슬픈 일, 또한 기쁜 일이 생겨도 '모두 곧 사라질 그림자'라는 사실을 생각하며 담담하게 그 모든 것을 받아들인다면 많은 번뇌들의 고통에서 벗어날 수 있을 것입니다.

이런 마음을 하나씩 하나씩 쌓아 갈 때 마음속에 평화가 찾아옵니다. 믿다 보면 이해가 되고, 이해가 되면 행동하고, 행동하다 보면 깨달음이 옵니다.

9

수행하는 스님들 중에는 수행법을 잘못 택하여 일생을 허비해 버리고 말년을 쓸쓸하게 지내시는 스님들이 많습니다. 차라리 주지 자리라도 꿰어 차고, 제나 지내고, 염불이라도 유창하게 했으면 말년을 그렇게 쓸쓸하게 지내지 않아도 되련만 '수행자이네' 하고, 오로지 깨달음만을 향하여 선방에서 지내신 스님들 가운데에는 참 안타까운 스님들도 많습니다.

그중에는 용맹정진을 몇 번하고 『무문관』까지 들어가서 화두를 잡고 용트림을 해 보지만 '한 소식 했다'는 소리는 여전히 들려오지 않습니다. 그런데도 여전히 간화선만이 깨달음을 향한 지름길이라고 외쳐 대는 스님들이 있습니다.

인삼이 아무리 좋아도 잘 맞는 사람에게는 좋지만 잘 맞지 않는 사람에게는 독이 됩니다. 모든 음식들이 그렇습니다. 그래서 이제마 선생께서는 사상의학을 일찌감치 내놓으셨습니다. 수행도 마찬가지입니다. 간화선이 아무리 좋아도 자기에 맞지 않는다면 의미가 없고, 위파사나가 아무리 좋아도 자기에 맞지 않는다면 불필요한 수행으로 시간만 낭비하는 것입니다.

조금 시간이 걸릴지 모르지만 일 년에 한 번씩이라도 간화선도 해 보고, 위파사나도 해 보고, 다른 수행법을 해 보면서 그중에서 자기에게 맞는 수행법을 찾는 것이 중요할 것 같습니다. 그리고 자기에 맞는 수행법을 찾았거든 그 수행을 지속해 나가는 것이 수행자로서 바른 길로 들어섰다고 볼 수 있습니다.

하지만 진리를 찾을 때 수행의 방법만 고집하지 않았으면 좋겠습니다. 또한 '수행만이 전부가 아니다'라는 사실도 같이 인식하며 수행했으면 좋겠습니다. 선각자들의 가르침 즉 법문을 통해 더 빨리 체험의 길로 들어설 수도 있을 테니까요.

10

우리가 불교를 공부하는 것은 일심으로 돌아가기 위함입니다. 그 일심은 다른 말로 무심이라고 할 수 있으며, 불심이라고 할 수 있습니다. 그 불심은 그야말로 부처의 마음입니다. 부처의 마음은 차별과 분별이 없습니다. 차별하고 분별하는 마음은 중생의 마음(중생심)이지, 부처의 마음이 아닙니다.

우리가 수행을 하는 이유는 그런 부처의 마음을 닮기 위함입니다. 이미 우리 마음속에 존재하는 부처를 찾기 위함입니다. 우리가 수행을 하고, 불교를 공부하는 것은 차별과 분별을 없애기 위한 노력에 불과함인지도 모릅니다. 차별과 분별이 없는 절대 평등의 세계를 알기 위함인지도 모릅니다.

수행이란 가부좌를 하고 간화선이나 위파사나를 하는 것이 전부가 아닙니다. 그냥 매 순간 부처의 마음을 닮으려고 노력하는 것이 수행입니다. 마음속에서 끊임없이 일어나는 분별과 차별을 버리고, 하나 된 무심의 마음 즉 일심(一心)으로 돌아가기 위해 매 순간 행동하는 것이 수행입니다.

11

우리들은 일생 동안 자기 몸의 노예로 삽니다. 혹시 몸이 이상이 생길까 봐 걱정하고, 돌봐주고, 아끼며 삽니다. 잘 입혀 주어야지, 잘 먹여 주어야지, 잘 재워 주어야지, 편히 쉬어 주어야지 하여간 우리는 몸시중을 들면서 일생을 살아갈 수밖에 없습니다. 그렇지 않으면 이 몸이라는 놈이 파업을 일으킵니다. 아프거나 심지어 죽게까지 만듭니다.

마음도 마찬가지입니다. 일생 동안 사람들은 마음의 노예로 살아갑니다. 이 마음이라는 놈이 우리 의식을 지배해서 우리들을 마음대로 하려 합니다. 머릿속에서는 이것이 옳고 저것이 나쁘다고 알고 있는 데에도 엉뚱하게 마음은 다른 짓을 시켜서 우리를 곤란에 빠트립니다. 담배가 나쁜 줄 알면서도 담배를 끊지 못하는 경우가 그렇고, 도박이 우리의 몸과 마음을 피폐하게 한다는 것을 알면서도 도박의 쾌감에 끌려다니는 경우가 그렇습니다. 또한 누군가를 의심하고 미워하는 것이 좋지 않은 줄 알면서도 미워하고 의심하는 집착과 분별에 끌려 자기 스스로 괴로움과 고통 속에 살아갑니다. 그리고 성에 대한 마음도 마찬가지입니다.

여하간 머릿속에서는 분명히 하고 싶지 않은데 마음은 그것에 끌려 몸과 마음을 망치는 경우를 우리는 종종 봅니다. 그것은 바로 우리가 마음의 노예가 되어서 그렇습니다. 몸의 노예보다도 마음의 노예는 더욱 심각합니다.

몸과 마음의 노예에서 벗어나기 위해서는 우선 몸과 마음의 노예로 살지 말아야겠다는 단단한 각오가 필요합니다. 이것이 바로 수행의 조건인 계(戒)라는 것입니다. 이 계(戒)는 경계의 유혹에서 우리를 지켜 주는 힘을 발휘합니다. 이 계를 지켜야겠다는 단단한 마음은 반드시 행동으로 연결되게 되어 있습니다. 왜냐하면 계를 지켜야겠다는 단단한 마음은 우리가 가지고 있는 파장을 그만큼 변화시키기 때문입니다.

12

우리는 그 '말 옮김'이라는 것을 한번쯤 생각해 볼 필요가 있습니다. 사실 '말 옮김'은 진실을 말하는 데 한계가 있습니다. 어떤 사람이 '방귀 뀌었다'라는 말이 몇 군데 사람 입을 걸쳐 지나가면 '똥 쌌다'고 말하는 것이 이 '말 옮김'입니다.

우리는 얼마나 뉴스 앵커의 입에서 농락당하고 있는지 모릅니다. 언론사의 편집 방향에 따라 참 진실은 묘하게 왜곡 당하고, 시청자들은 앵커의 입에 따라 그것을 그대로 믿는 경우가 허다합니다. 차사고 한번 나는 것도 진실을 밝히기가 어려운데 눈에 보이지 않는 사건 사고라면 언론의 힘에 의해서 얼마든지 농락당할 수 있습니다. 진실이 그처럼 밝혀지기 어려운 이유는 사람마다 사물을 보는 각도가 다르기 때문입니다. 그리고 언어가 인간의 마음에서 한바탕 굴절되어 나오기 때문입니다.

마음속에는 여러 가지 마음이 있습니다. 그 마음속에서 자기의 입맛에 맞는 마음을 선택하여 그것을 언어로 표현하는 경우가 대부분 중생들의 언어 표현 방식입니다. 싫은 사람, 좋은 사람이 마음속에서 굴절되기 때문에 '있는 그대로' 진실을 표현할 수가 없습니다. 그래서 '말 옮김'의 말은 있는 그대로의 진실이라고 믿기에는 한계가 있습니다. 물론 다 그렇지는 않겠지만 거기에 과장이 섞였거나 허위가 존재할 수밖에 없습니다.

이 거짓된 마음을 찾는 것이 바로 '마음 챙김'이라고 불리는 위파사나 수행입니다. 이 수행을 통해 마음이 속삭이는 거짓된 언어를 찾아야 합니다. '있는 그대로 진실 된 마음'을 찾아 진실과 마주하는 습관을 들여야 합니다.

13

성철 스님의 말씀처럼 부처님이 이 세상에 오신 것은 세상의 문제점을 해결해 주기 위해 이 세상에 온 것이 아니라, 이 세상에 아무런 문제점이 없다는 것을 알려 주기 위해 이 세상에 오신 것입니다.

처음부터 우리는 아무것도 없고, 아무것도 가져갈 수 없기에 모든 인간은 평등하고 아무것도 없기에 완전합니다. 따라서 지금 하고 있는 모든 행위 역시 완전합니다. 물위의 물결은 물일 뿐입니다.

하지만 우리는 이 세상이 처음부터 아무런 문제점이 없는데, 문제가 있다고 착각하고 살기에 그 착각을 없애는 것이 바로 수행입니다.

14

우리의 원래 주인은 본성(본래면목)이고, 착각에 의해서 나온 무명이 머슴인데 현실은 원리전도 몽상해서 무명이 주인이고 본성은 뒷전이 되어 버렸습니다. 그래서 우리는 우리의 주인인 진여, 여래, 본성 등등의 참 성품은 모르거나 생각하지도 않고 살아갑니다. 그저 돈과 권력과 명예가 우리의 주인이 되어 버렸고, 대부분 사람들은 그것이 최고의 선이 되어 그것을 추구하기 바쁩니다.

그래도 일부분의 사람들은 자신의 존재를 알려고 노력하고, 우리의 주인이 누구인지, 내가 도대체 누구인지를 알려고 노력하며 살아가는 사람들이 있습니다. 그들이 바로 수행자들입니다. 또, 넓게 보면 정신세계를 추구하는 사람들이라고도 할 수 있습니다.

그런데 간혹 이런 수행자들에게 손가락질을 하는 사람들이 있습니다. 진리는 현실에 아무런 도움이 되지 않는 쓸데없는 짓이라든가. 수행은 쓸데없는 낭비라고 생각하는 사람들입니다. 마치 돈이 주인이 되어 버린 이 세상에서 그래도 제정신 차리고 돈의 노예가 되지 않으려고 노력하는 사람들에게 오히려 손가락질을 하고 있는 모습입니다.

물론 진리나 종교라는 명목으로 사람들을 현혹하여 돈을 추구하는 종교인들도 너무도 많음을 부인할 수는 없습니다. 그래도 묵묵하게 이 세상 어두운 곳에서 밝은 세상을 만들고자 하는 수행자들도 있고, 진리를 통해 노예가 되어 버린 사람들에게 제발 정신 차리게 하고자 노력하는 사람들이 있다는 사실을 간과해서는 안 될 것입니다. 무명에 물든 정치, 경제, 사회 속에서 진리를 통해 우리는 우리의 본래 모습을 되찾아야 합니다.

15

수행의 방법에는 여러 가지 방법이 있습니다. 마치 지리산 천왕봉에 오르기 위해서는 한 가지 길만 있는 것이 아니라 여러 길이 있듯 수행에도 한 가지만 있는 것이 아닙니다. 우리나라 참선 수행의 대표인 간화선을 비롯하여 남방의 위파사나 수행, 선도 수련의 단전호흡과 마음을 차분히 가라앉히는 묵조선, 몸으로 하는 요가 수행과 선 체조, 절 수행 등 수행하는 방법은 다양합니다. 호흡법만 해도 수십 개가 있으며 명상법도 엄청나게 다양합니다.

그렇듯 수행 방법에는 여러 가지가 있지만 수행을 큰 갈래로 나누면 단 두 가지로 나누어집니다. 그 두 가지는 지(止)와 관(觀) 수행이라고 할 수 있습니다. 지(止) 수행은 마음을 쉬는 수행으로 선정(禪定)을 닦는 수행이며 관(觀) 수행은 지혜(智慧)를 얻는 수행입니다. 대체로 번뇌와 생각이 많은 사람은 마음을 고요하게 가라앉히기 위해서는 선정을 닦고, 잠이 많고 혼침이 있는 사람은 관(觀) 수행을 하는 것이 좋습니다.

따라서 수행도 자기 것만 옳다고 주장하는 것은 옳은 방법이 아닙니다. 각자의 근기와 개성이 맞는 수행이 자기에게 좋은 수행입니다. 다만 길에는 차이가 있어서 빠른 길도 있고, 돌아가는 길도 있습니다. 빠른 길로 가려면 그만큼 가파르니까 힘이 들겠고, 돌아가는 길은 느리지만 그만큼 여유도 있을 것입니다. 각자의 개성과 근기에 따라 오를 뿐, 수행에는 정답은 없습니다.

단지 저는 수행은 정혜쌍수를 권하고 싶습니다. 정혜쌍수란 쉽게 말하면 고요함(止, 사마다)과 지혜(觀, 위파사나)를 같이 닦아야 한다는 수행의 한 방법으로 음식물도 편식하지 않고 먹듯 수행도 정과 혜를 모두 닦는 수행으로 지관 수행을 권하는 바입니다. 건강한 아이는 몸과 마음이 함께 건강하듯이 올바른 수행도 정과 혜를 같이 닦아야 건강한 수행이라고 말할 수 있습니다.

16

사람들은 의외로 수행은 하고 싶은데 수행 방법을 몰라서 수행을 못 하는 경우가 참 많습니다. 수행의 방법은 정말로 많이 있습니다. 옛날부터 우리나라에 내려오는 전통적인 선 수련인 단전호흡부터 불교의 간화선, 염불, 주력(탄트라)과 요즘 대세를 이루고 있는 남방 불교의 위파사나 명상 등 명상법만 해도 100가지가 넘는데 그중에서 가장 하기 쉬운 명상법을 소개해 드립니다.

우선 정좌하여 고요하게 합장한 뒤 나 자신부터 사랑하는 사람들을 하나씩 떠올립니다. 그리고 '건강하기를, 행복하기를, 평화롭기를' 기원하면서 간절한 마음으로 파장을 보냅니다. 이 파장은 상대에게 전달되고 내 마음의 파장이 그렇게 되어 가면서 건강하고 행복하며 평화로운 자신의 모습을 발견할 것입니다.

두 번째 수행법은 마음을 청정하게 하는 수행법입니다. 마음속에 미워하고 증오하는 사람이 있다든가, 어두운 과거를 털어 내고 싶다든가, 아니면 그냥 청정한 마음을 유지하고 싶은 사람에게 좋은 수행법입니다.

우선 고요하게 마음을 가라앉힌 뒤 부처님 즉 관세음보살이나 약사여래불이나 석가모니불을 떠올립니다(부처님이 아니더라도 예수님이나 마호메트도 상관없습니다). 그리고 부처님의 청정하면서도 시원한 감로수를 떠올리고, 부처님이 그 감로수를 자신의 정수리에 부어서 차츰 자신의 온몸으로 흘러내리는 것을 상상합니다. 시원하고 깨끗하고 청정한 감로수가 자신의 안 좋은 기운을 닦아 낸다고 생각하며, 안 좋은 기운이 발바닥을 통해 흘러 나가고 있음을 상상합니다. 다 붓고 나면 다시 부처님이 자신의 정수리에 그 시원한 감로수를 붓는다고 생각합니다. 그리고 차츰 자신이 깨끗하고 청정한 기운으로 감싸고 있음을 상상합니다. 계속해서 그런 상태를 유지합니다. 그 상태를 유지하면서 청정하고 깨끗해진 자신의 모습을 키워 가면 항상 좋은 기운이 따라다닐 것입니다.

세 번째 수행법은 숫자를 세는 명상법입니다. 마음속으로 정신 차려서 20까지를 세어 봅니다. 아마 처음에는 '그까짓 20을 못 세나?' 하겠지만 아마 20까지 헤아리기가 어려울 것입니다. 그러나 그 수행을 계속해 나가면 정신이 참으로 맑아짐을 느낄 것입니다.

네 번째 수행법은 약간 어려운 명상으로 호흡을 바라보는 명상입니다. 호흡이 들어가고 나가는 것을 마음으로 바라보는 것으로 집중력을 키우며 마음이 시끄럽고 번잡할 때 마음을 고요하게 가라앉히는 지관 수행법입니다.

마지막 다섯번째 수행법은 요즘 대세인 위파사나 명상입니다. 위파사나 명상은 마음을 바라보는 명상입니다 우리들은 흔히 화가 나면 화에 휘둘려 살아갑니다. 그래서 화가 나면 자신도 모르는 행동을 하게 됩니다. 그런데 위파사나 명상을 하게 되면 마음을 바라보는 수행이기에 자신의 마음을 다스리는 힘이 커집니다. 즉 화가 나면 바로 화를 내지 말고 그 화를 바라봅니다. 그리고 '아! 내가 화를 내고 있구나.' 하고 깨닫습니다. 밥을 먹으면서도 밥을 먹는 자신을 바라봅니다. 우리는 밥을 먹으면서도 제대로 밥을 먹지 못합니다. 밥을 먹으면서 온갖 생각을 하면서 밥을 먹기 때문에 제대로 밥을 먹는다고 말할 수 없습니다. 위파사나 명상은 매 순간 계속해서 자신을 바라보는 명상입니다. 어떤 행위를 하면서도 자신을 바라보기 때문에 통찰력이 커지고 자신을 객관화할 수 있습니다. 그래서 삶의 지혜를 얻고 깨달음에 가까이 가는 수행이라고 할 수 있습니다.

수행은 산을 오르는 길이 한 길만 있는 것이 아니라 여러 개가 있기 때문에 어느 것이 좋다 나쁘다 할 수 없습니다. 간화선이나 그 수많은 명상법 또는 다른 수행법도 자신에게 맞으면 그 길로 가는 것이 좋습니다.

17

정견과 정사유의 관계는 '벼리'라는 말로 대신합니다. 벼리는 그물의 첫 부분으로 벼리를 잡아당기면 끝부분이 따라옵니다. 정견이 벼리이고 정사유는 끝부분입니다. 따라서 둘이 다르다고 생각하는 것은 잘못입니다. 정견과 정사유는 역할이 다를 뿐, 하나입니다. 올바른 견해는 올바른 사유를 가져옵니다.

정(定)과 혜(慧) 역시 불이입니다. 정이 혜이고, 혜가 정입니다. 즉 고요해지면 지혜가 생기고, 지혜가 생기면 고요해집니다. 사마타와 위파사나를 분리하려고 하니 문제가 생깁니다. 어느 길을 가든 결국은 만납니다.

18

'계'라는 것은 깨달음에 이르고자 하는 수행 방법 중의 하나입니다. 불교 수행에는 수행자가 반드시 닦아야 하는 3가지 항목이 있는데, 이것을 삼학이라고 합니다. 이 삼학을 얕은 분야에서 깊은 분야로 순서대로 열거하면, 몸과 말과 생각으로 범하는 나쁜 짓을 방지하고 덕행을 실천하는 계학(戒學, Śīla)이 있고, 선정(禪定)을 닦아 마음의 흔들림을 그쳐 고요하고 평안한 경지에 이르게 하는 정학(定學, samādhi)이 있고, 번뇌 없이 평정된 마음에서 진리를 있는 그대로 보도록 하는 혜학(慧學, prajñā)이 있습니다. 흔히 계정혜(戒定慧)라고도 불리는 삼학의 상호 관계는 서로 보완적이어서 계율을 실천하는 것은 선정에 도움이 되고 선정은 진리를 바로 보는 데 도움이 됩니다.

그중에 불교에서 '계'는 수행자가 지녀야 할 기본적인 수행의 한 방편입니다. 근본 5계인 살생하지 말라, 훔치지 말라, 음란하지 말라, 거짓말하지 말라, 술 마시지 말라 등은 누구나 지켜야 하는 규범이고, 수행자인 비구나 비구니계는 200여 가지가 넘는 지켜야 할 계가 있습니다.

그러나 사실 인간으로서 200여 가지의 계를 지키며 수행한다는 것이 보통 어려운 일이 아닙니다. 오히려 계율만 엄격히 지키는 일은 수행에 독이 될 수도 있습니다. 그만큼 사고하는 데 유연성 떨어질 수가 있기 때문입니다. 어떤 스님은 계가 수행의 목적이 되어 오로지 계만 지키는 것이 스님으로서 본분을 다 지킨다고 생각하는 스님들도 있습니다. 계는 하나의 방편일 뿐 목적이 되어서는 안 됩니다.

19

수행하면서 '술을 삼가라'는 계율은 술 자체가 나쁜 것이 아닙니다. 수행자가 술을 먹으면 마음의 파장이 심해져서 감정의 진폭이 심해지고, 감정의 진폭이 심해지면 마치 흙탕물처럼 사물의 본성을 보기가 어렵기 때문에 술을 먹지 말라는 말입니다. 사물의 본성을 보지 못하고 중생심으로 살아간다면 수행하는 의미가 없습니다.

간혹 도인들이 술과 고기를 먹고, 여자와 함께 잠을 자는 것을 덜 익은 수행자들이 흉내 내며 그렇게 하는 것이 무애행을 닦는다고 생각하는 수행자가 있습니다. 그것은 어린아이에게 칼을 쥐여 준 것처럼 정말 위험한 일입니다. 칼을 능란하게 다루며, 또한 칼로 사람들에게 이로운 일을 하는 사람에게는 아무리 날카로운 칼을 쥐여 주어도 상관없습니다. 경허 스님이나, 원효 스님처럼 이 세상이 환(幻)이고, 꿈이며, 공(空)을 체험한 도인에게 계(械)란 큰 의미가 없을 것입니다. 꿈속에서 어떤 일을 하든, 어떤 꿈을 꾸든 모두 꿈인 줄 아는 까닭입니다. 도인들에게 세상일은 거칠 것이 없는 것입니다. 여여부동(如如不動)의 경지에 있는 도인들에게 분별이나 시비는 의미가 없습니다. 아니, 아예 분별이 없기에 고기를 먹든, 채식을 하든, 그분들에게는 그냥 먹는 것에 불과한 것입니다. 모든 것이 진여법성의 응현일 뿐입니다.

하지만 그 단계까지 가지 못한 수행자가 어설프게 도인의 흉내를 내는 것은 자신도 죽이고 남도 죽이는 행위입니다. 깨닫지도 못하면서 최소한의 계를 지키지 못한 수행자는 수행자로서 자격이 없으며 불제자로서 스스로 많은 반성이 따라야 합니다.

바른 선정이나 지혜는 계율에 의지하며 완성되기에 불제자라면 우선 계율을 지키려는 자세가 필요합니다. 계라는 방편을 잘 활용해야 합니다.

20

제가 알고 있는 스님 중에서는 『지장경』을 만(萬) 독을 목표로 하여 하루에 3독씩, 일 년이면 1000독, 십 년 동안 만 독의 목표를 향해 줄기차게 수행하시는 스님이 계십니다. 그리고 철저하게 계를 지키어 어떠한 일이 있어도 새벽 도량석부터 사시 예불 저녁까지 추호도 흔들림 없이 생활해 나가고 있습니다. 때로는 정말 존경스럽기조차 합니다. 하지만 간혹, 그렇게 십 년 동안 『지장경』 만 독을 읽고, 그렇게 철저하게 도량석부터 저녁 예불까지 해서 무엇을 얻을까, 걱정이 되기도 합니다. 마치 매일 2시에 잠자야겠다고 생각한 수험생이 공부보다도 2시에 잠자는 것이 목적이 되면 어떨까, 하는 걱정입니다.

계가 수행의 목적이 되어 오로지 계를 잘 지키는 것이 수행자로서 본분을 다한다고 생각하는 것은 잘못입니다. 계율만 엄격히 지키는 일은 수행에 독이 될 수도 있으며, 사고하는 데 유연성 떨어질 수가 있기 때문입니다.

그렇다고 수행자가 계를 아주 무시하고 수행한다는 것 또한 어불성설입니다. 계는 수행을 잘할 수 있도록 만드는 방편이기 때문입니다. 수행자는 계를 지킴으로써 마음을 평온하게 하며, 마음을 고요하게 가라앉힐 수 있습니다. 마음의 동요가 있는 상태에서 지혜를 얻기란 어렵습니다. 그것은 마치 맑고 고요한 상태의 물은 바닥을 환히 볼 수 있지만 흙탕물은 바닥을 볼 수 없는 것과 마찬가지입니다.

따라서 계는 지키되, 계가 목적이 되어서는 안 됩니다. 계는 진리를 찾기 위한 도구로 사용되어야 합니다. 계는 방편이지 목적지가 아니라는 사실을 분명히 알 필요가 있습니다.

21

우리는 흔히 '수행' 하면 몸을 고통스럽게 하는 것이라고 착각을 하는 경우가 있습니다. 그리고 몸을 힘들게 하는 수행만이 제대로 된 수행이라고 생각하는 경우도 있습니다. 그래서 일주일 동안 잠을 자지 않고 용맹정진을 하기도 하고, 가부좌를 틀고 다리가 마비될 정도로 밤낮으로 앉아 있기도 하고, 때로는 자기 손을 태우는 연비 수행을 하거나 심지어는 몸을 태우는 소신고양을 하기도 합니다.

그런데 그런 수행을 통해서 공(空)이나 무아(無我), 무상(無相)의 본질이라는 지혜를 얻을 수 있을까 하는 의문이 듭니다. 물론 그런 고행의 수행이 자기와 맞는다면 상관없겠지만 그런 수행과 맞지도 않으면서 일부러 힘든 수행만을 고집한다면 천년을 가도 헛수고가 될 것입니다. 부처님도 6년간 몸을 힘들게 하는 수행을 하다가 깨달은 바가 있어서 우유죽을 먹고 마음을 편안한 수행을 택한 사실만 봐도 알 수 있습니다.

22

수행하다가 화를 자주 내는 것은 기가 상기(上氣)되었기 때문입니다. 수행을 억지로 하거나 호흡을 일정하게 하려 한다든가 하면 그런 현상이 일어날 수 있습니다. 편안한 마음으로 수행하고, 호흡을 내 몸에 맡기고, 자연스런 호흡을 하고, 단전에 의식을 두어 기를 내리게 되면 마음이 편안해집니다. 마음이 편안하면 화가 사라집니다.

23

수행이란 번뇌를 없애는 것이 아닙니다. 번뇌가 일어나는 것을 자각하고 무심(같은 말인 본래면목, 일심, 불심 등)으로 그것을 치유하는 과정을 수행이라고 합니다. 아무것도 생각하지 않고, 아무것도 하지 않는 무기공으로 돌아가 식물인간으로 만드는 것이 수행의 목표가 아닙니다. 수행이란 번뇌를 바라보면서 자각하는 과정을 말합니다. 흔히 이것을 염기즉각(念起卽覺)이라는 표현을 쓰는데, 번뇌가 일어나면 번뇌가 일어난 것을 즉시 알아채고, 무심으로 돌아가려는 것이 수행입니다.

24

진리는 언어로 설명할 수 없다고 하지만 어느 정도 진리에 근접할 때까지는 공부가 필요합니다. 배움도 없이 진리를 스스로 터득하라고 하는 것은 마치 약도 주지 않으면서 스스로 병을 나아 보라고 하는 것과 마찬가지입니다. 그렇게 약도 주지 않고 스스로 터득하라고 고집하는 수행법이 우리나라 간화선입니다. 화두 하나 던져 주고 스스로 터득하라고 합니다. 그래서 그런지 '한 소식 했다'고 한 사람은 손을 꼽을 정도입니다.

며칠 전 하안거가 시작되었습니다. 3~4천 명의 수행자들이 올해도 어김없이 안거에 들어간 모양이지만 안거가 끝날 즘 되면 예년처럼 아마 몇 번 안거에 참여했다는 것으로, 몇 번 용맹정진했다는 것으로 위안 삼으며 아상만 쌓여 가는 것이 아닐까 하는 걱정이 앞섭니다.

우선 어느 정도 진리에 근접할 때까지는 학문적 공부가 반드시 필요하고, 큰스님들의 법문이 진정으로 필요합니다. 환자에게 약이 필요한 것과 마찬가지입니다. 그런 다음에 어느 정도 학문이 익으면 언어가 필요 없는 간화선을 해야 합니다. 그렇게 해야 간화선이 효과를 볼 것이 분명합니다.

그런데 학문적 기초도 없으면서 무조건 화두 하나 던져 주고, '깨우쳐 보라'고 하는 것은 정말 너무 많은 시간을 낭비할 수 있습니다.

25

수행의 방향은 아(我)와 법(法)이 환(幻)이라는 사실을 깨닫는 것입니다. 마치 하얀 스크린 위에 영화라는 허깨비가 우리를 울리기도 하고, 웃기기도 하고, 괴롭게 하기도 하지만 영화는 영화일 뿐입니다. 좋은 영화든 나쁜 영화든, 재미있는 영화든 재미없는 영화든 영화는 영화일 뿐입니다. 우리는 그 영화 속에 있는데 영화 속에 있다는 것을 알지 못합니다. 그리고 영화가 재미없으니까, 재미있는 영화를 그리워하고 있는 것입니다. 그 영화가 바로 우리의 삶이며, 그 영화를 있게 하는 스크린이 바로 진리입니다.

아와 법이 환(幻)이라는 사실을 확실하게 깨닫는 것이 지금 당장 우리에게 필요한 지혜인 것입니다. 겨자씨 속에 수미산이 들어가는 마음의 도리를 확실히 깨우쳐야 합니다.

26

거울은 사물은 비춰 보는 기능을 가지고 있습니다. 그런데 거울에 때가 잔뜩 껴 있으면 거울의 기능은 상실됩니다. 사물을 비춰 볼 수 없기 때문입니다. 거울의 기능을 되찾기 위해서는 거울에 껴 있는 때를 벗겨 내어야 합니다.

인간의 성품도 마찬가지입니다. 인간의 성품도 원래는 맑고 티 없는 거울처럼 깨끗한데 업으로 인하여 때가 잔뜩 껴 있는 것입니다. 그래서 우리의 깨끗한 본모습을 찾기 위해서 우리는 수행을 통해 찾아가야 합니다. 수행을 통해 성품 속에 잔뜩 껴 있는 업의 그림자를 지워 내야 합니다. 그리고 마침내 업도 없음을 아는 지혜를 찾아야 할 것입니다.

27

수행은 재미있는 영화를 본다든가, 재미있는 게임을 할 때처럼 재미있어야 합니다. 수행이 재미있으면 옆에 별스런 일이 일어나도 눈에 보이거나 귀에 들리지 않습니다. 오로지 거기에 정신이 집중되어 있습니다. 수행삼매에 들어간 것입니다. 수행도 푹 빠져서 하면 바깥 경계에 아무런 관심도 없습니다. 수행은 고통스러운 것이 아니라 재미가 있어야 합니다.

불교에서 공을 말하고 환(幻)을 말하니 그 말을 액면 그대로 받아들여서 사물을 환(幻)으로 보려는 사람이 있다면 불교의 뜻을 잘못 이해하고 있는 사람입니다. 사물을 환(幻)으로 보고 환(幻)처럼 생활한다면 그 사람은 정신 병원을 가 봐야 합니다. 망상증에 사로잡힐 염려가 되기 때문입니다.

불교에서 환(幻)을 이야기하고, 공(空)을 이야기하는 것은 사물을 공이나 환처럼 보아서 마음속에 분별을 갖지 않도록 하기 위함이며, 삼독심(욕심, 성냄, 어리석음)을 갖지 않게 하기 위한 경책의 말입니다. 사물의 본질이 공이고 환이기 때문입니다.

그 본질을 분명히 보아서 살아가는 데 집착과 분별이라는 장애를 없애기 위함이 불교의 목적인데 말이나 글자에 매달려 환(幻)이나 공(空)처럼 살려고 하는 사람이 있다면 그것은 크게 불교를 잘못 이해하고 있는 사람입니다.

달을 보아야지 달을 가르키는 손을 보아서는 안 되는 것입니다.

28

사람들의 얼굴 모습이 다르고, 입고 싶어 하는 옷이 다르고, 생각이 다르듯이 불교도 다양화되는 것이 바람직합니다. 그렇지만 아무리 불교가 다양화 되어도 불교의 지향점은 같아야 할 것이고, 출가자들이 바라보는 목표도 같아야 할 것입니다.

그 궁극적인 지향점은 바로 해탈입니다. 해탈하여 자유로운 나비처럼 이 어지러운 세상을 아무런 장애 없이 살아가고자 하는 꿈을 꾸어야 하고, 더불어 중생들에게 자비를 베푸는 꿈과 희망이 되어야 합니다.

그러나 요즘의 출가자들은 그런 방향조차 없는 것 같습니다. 물론 자유와 해탈이 말처럼 그렇게 쉬운 것은 아니라는 것을 압니다. 평생을 또는 몇 생을 다해도 이루지 못할 것이 그 해탈인데 그렇게 마음을 먹는다고 쉽게 해탈이 되지 않으리라는 것도 압니다.

하지만 수행자는 그렇게 되고 말겠다는 꿈이라도 꾸어야 하고, 삶의 방향이나 목적도 그쪽으로 향해야 합니다. 그렇지 않으면 출가자로서 아무런 의미가 없습니다.

29

아와 법이 존재한다는 고정 관념이 깨지고 업이 소멸되면 자연히 있는 그대로의 밝은 세상이 존재합니다. 그곳이 바로 천국이고 극락의 세계입니다. 이처럼 천국이나 극락이 먼 곳에 있는 것이 아니라 바로 우리들의 업이 소멸되면 자연히 드러나는 것이 천국과 극락의 세계입니다. 업의 소멸은 우리의 아뢰아식의 소멸이라고 말할 수 있습니다. 그것은 곧 가설로 생긴 아(我)와 법의 소멸입니다.

30

고통은 외부에서 오는 것이지만 그 고통을 당하고 느끼고 사는 것은 바로 나입니다. 따라서 내가 만약 없다면 외부에서 심한 고통이 온다고 해도 그 고통은 없습니다. 또한 외부에서 심한 고통이 온다고 해도 내 마음이 그 고통을 느끼지 않는다면 그 고통은 없다고 할 수 있습니다.

생활 속에서 삶이 고통스럽게 느껴진다면 '나 없음(無我)'을 생각하는 수행을 하는 것이 좋을 것 같습니다. 무아 수행입니다. '나는 이 세상에 존재하지 않는다'라는 말을 틈나는 대로 자신에게 계속 주입시키는 것입니다. 그러면 한결 고통이 가벼워지는 것을 경험할 수 있을 것입니다.

사실 이 우주는 '나'라는 실체가 없는 무아(無我)인데 내가 있다고 집착하기 때문에 고통스러운 것입니다.

31

수행자가 수행하면서 많은 장애가 있는데 그중에 참으로 힘든 부분이 아마 성적 욕망일 것입니다. 왜냐하면 성은 다음 세대를 이어 가기 위한 인간이 가지고 있는 가장 본능적인 행위이기 때문입니다. 그런데 성은 인간만이 가진 욕망이 아니라 동물들을 비롯하여, 식물들까지도 있습니다. 식물은 성적 욕망을 충족하기 위해 꿀을 만들고 벌들을 유혹합니다. 움직일 수 없으니 암술과 수술이 만나기 위해 벌이나 곤충을 이용하는 것입니다.

식물과 동물들도 그러할진대 하물며 생각을 가진 인간들의 성적 욕망 - 그것을 참아야 하는 수행 생활은 수행자에게 고통일 수밖에 없습니다. 그 욕망을 참고 궁극의 세계를 이룬 분들은 참으로 존경하고 위대하기까지 합니다.

하지만 대부분의 수행자들은 궁극의 세계를 맛보지도 못한 채, 참아야 하는 고통만이 있고, 심지어는 그것을 참지 못해 환속하거나, 뒤에서 몰래 죄책감을 지닌 채, 관계를 가진 경우도 없지 않아 있습니다. 성은 자연스럽게 흘러가야 하는데 억지로 막음으로 오는 부작용 때문입니다.

성 때문에 수행이 방해가 된다면 성을 자연스럽게 인정하는 것이 수행에 덜 방해를 받을 것 같습니다. 성(性)은 자연입니다. 성 때문에 마음의 죄책감을 갖는 것은 오히려 수행에 더 큰 장애가 될 수 있습니다. '은처승'이라 하여 뒤에서 몰래 성행위를 하는 것보다 떳떳하게 드러내 놓고 할 수 있는 제도가 이제는 마련되어야 한다고 생각합니다. 물론 궁극에 도달하기 위해 치열하게 수행하는 수행자는 성(性)을 뛰어넘어야 하겠지만 말입니다.

32

머리 깎고 출가를 했어도 마음과 정신이 세속적인 일에 머무르면 범부와 하나도 다르지 않고, 비록 세속에 살더라도 마음과 정신이 부처를 향해 있으면 출가자와 다름이 없습니다.

출가자, 재가자 구분하는 것은 머리를 깎고, 승복 입는 것으로 구분해서는 안 됩니다. 왜냐하면 옷 입고, 머리를 깎았다고 하여 타고난 성격이나 얼굴이 쉽게 달라지는 것이 아니기 때문입니다. 출가자, 재가자는 출가자, 재가자가 아니요, 그 이름이 출가자, 재가자입니다. 아무리 머리 깎고 승복을 입었어도 수행을 하지 않으면 출가자가 아닙니다.

33

법은 사람들이 지켜야 할 규칙이고 사회 구성원들이 지켜야 하는 공동생활의 기준입니다. 우리가 안전하고 편안하게 생활할 수 있는 것은 바로 이 법 때문입니다. 사회생활을 하기 위해 지켜야 할 것이 이 법이라면 불교에서 신도나 성직자가 도덕적인 덕을 실현하기 위해 지켜야 할 수행상의 규범이란 바로 계율입니다. 우리가 바르게 정진할 수 있고 바른 안목을 가지게 하는 것은 바로 이 계율이 있기 때문입니다.

그런데 '법 없어도 살 사람'이라는 말이 있습니다. 법을 생각하지 않아도 기본적으로 남에게 해를 끼치거나 남에게 아픔을 주지 않는 사람을 일컬어 하는 말입니다. 이런 사람들은 굳이 법을 알 필요도 없습니다. 법을 알지 못해도 도덕적 양심으로 법을 지킬 수 있는 사람들입니다. 불교에서도 굳이 계율이 필요 없는 사람들도 있습니다. 그 사람들은 계율 없이도 충분히 스스로를 지켜 나갈 수 있는 사람들입니다.

법이나 계율이 필요한 경우에는 그것을 스스로 지키지 못했을 때 필요한 경우입니다. 예를 들면 여럿이 있을 때는 남의 눈치를 봐서 법이나 계율을 잘 지키는데 혼자 있다든가, 자유롭게 되어 있을 때는 그 자유를 감당하지 못하고 방종해 버리는 사람들은 계율이나 법이 반드시 필요한 사람입니다.

하지만 여럿이 있든, 혼자 있든 언제나 기본적으로 타인을 생각하고 모든 생명체의 아픔을 의식하며 한결 같은 마음일 경우에는 굳이 계율이 필요치 않은 사람입니다. 오히려 그런 분들에게는 그 계율이라는 것이 스스로를 묶어 놓은 것이기에 자유를 방해하는 거추장스러운 것으로 인식 될 뿐입니다. 강을 건넜으면 뗏목을 버려야 하는 경우입니다.

34

요즘 스마트폰의 발달로 인하여 가까운 친구의 전화번호 하나 외우기도 힘듭니다. 외웠다가도 며칠 쓰지 않으면 잊어버리기 십상입니다. 노래도 마찬가지입니다. 예전에는 박수 치며 친구들과 불렀던 노래들도 이제는 노래방 기기가 없으면 노래 한 곡도 제대로 부르지 못하는 세상이 되었습니다. 정보가 이미 스마트폰에 저장되어 있으니 굳이 지식 교육도 필요 없는 듯싶습니다. 어떻게 보면 점점 사람들의 머리가 가벼워지고 어려움을 견디지 못하는 시대가 되어 가는 것 같습니다. 명절도 그렇고, 제사도 그렇고, 장례 문화도 그렇고 편하게, 편하게 변해 가는 듯싶습니다.

불교도 마찬가지입니다. 예전에는 선, 참선, 수행 같은 어려움을 감내하며 불교가 나름 깊이가 있었는데 이제는 그런 어려움을 감내하고자 하는 불자들도 점점 없어지고 있는 것 같습니다. 불교 교리도 가볍고, 마음도 가벼운 교리들이 대중들의 인기를 모으는 것 같습니다. 아쉬운 요즘의 세태지만 어쩔 수가 없습니다. 편하고 어려움을 견디기 싫은 시대의 변화이니 거기에 따를 수밖에 없습니다. 그렇지 않으면 젊은 사람들의 말대로 '꼰대'가 되기 십상입니다.

그렇다고 하더라도 기초가 무너지면 아무리 아름답게 꾸미고, 실용적으로 지은 건축물도 무용지물 될 수밖에 없습니다. 기초가 튼튼해야 그 위에 실용적이고 아름다운 건물도 세울 수 있습니다. 국영수가 어렵고 재미없다고 하더라도 그 공부가 무너지면 모든 공부의 기초가 무너지듯이 불교도 우리가 늘 외우고 다니는 『반야심경』이나 『금강경』의 깊이를 깨우치지 못한다면 불교의 껍데기만 알고 있을 뿐입니다. 좀 재미없고 힘들더라도 불교의 기초를 알아야 할 것 같습니다.

35

만법귀일을 깨쳐서 뭐 할 건데?
모든 화두들을 타파해서 또 뭐 할 건데?
법화경 화엄경 공부해서 또 뭐 할 건데?
위파사나로 마음 알아차림해서 뭐 할 건데?
사성제 팔정도를 알아서 뭐 할 건데?
오온이 공함을 알아서 뭐하려고?

요즘 내 머릿속에 들어 있는 의문입니다. 아무리 백번 깨쳤다고 말로만 하고 실천하지 않는다면? 말로는 '부처님 말씀을 실천하자' 하면서도 실제로 남에게 아픔만 주고 남에게 공격을 일삼는 사람이 있다면? '불교를 정화하자' 하면서도 오히려 불교를 진흙탕 속에 몰아넣는 사람이 있다면? 아상이 두터워서 자기 생각만이 옳고, 자기의 공부와 수행만이 최고라고 생각하는 사람이 있다면? 싸우지 말자 하면서도 말리는 싸움을 일삼는 사람이 있다면?

'불교를 배워서 뭐 할 건데?'라고 묻고 싶습니다. 내 스스로에게도 묻고 싶은 말입니다. "너는 뭣 때문에 불교를 공부했는데?"라고….

결국 실제로 지금 여기에서 실천하지 않는 불교는 공허한 말장난입니다.

36

'음식을 싱겁게 먹어야겠다' 하면서도 쉽사리 그 습이 바꾸어지지 않습니다. 음식을 싱겁게 만들어 놓고도 소금의 유혹을 뿌리치기가 참 어렵습니다. 오랜 세월 길들어져 온 습(習) 때문입니다.

습을 바꾸는 것은 어느 한순간에 바꾸어지지 않습니다. 무슨 계기가 있어 큰 결심을 하고 마음을 바꾸어 보지만 작심삼일이라고 며칠 지나면 다시 원상태가 되고 맙니다. 하지만 우리의 습을 어느 날 갑자기는 바꾸지 못한다 하더라도 자기 자신을 서서히 바꾸는 방법이 있습니다.

그것은 우리 불교에서 매양 쓰는 말로 '훈습'이라는 방법입니다. 훈습이란 사전적 의미로 '좋은 향을 배게 하면 그 향기가 풍기게 되는 것처럼 신체와 언어, 마음으로 노력하면 그것이 마음에 잔류하게 됨을 이르는 것'을 말합니다. 연기를 쏘이듯 조금씩 습을 바꾸다 보면 어느 날 자기도 모르게 변해 있는 자신을 보게 될 것입니다. 무엇을 못 버리는 습을 가진 사람은 조금씩 버리는 연습을 하고, 낭비가 심한 사람은 검소함을, 남의 험

담을 좋아하는 사람은 침묵하는 습관을, 나누지 못하는 사람은 나누는 습을… 등등 우리는 우리가 가진 단점의 습을 훈습을 통해 바꿀 수 있다는 말입니다.

습이란 우리의 업을 만들고, 업은 우리의 운명을 좌우하기 때문에 좋은 습을 지니고자 하는 것은 우리 종교인의 갖추어야 할 덕목입니다. 이번 생에 힘든 일이 있었다면 그것은 아마 전생의 나쁜 악습 때문일 것입니다. 따라서 다음 생에 좀 더 나은 삶을 살고자 한다면 이번 생에 좋은 습을 길러야 할 것입니다.

37

어제는 어버이날이었습니다. 그런데 즐겁고 행복해야 할 어버이날이 차라리 없어졌으면 하는 사람들도 상당수 있습니다. 바로 가족 간의 갈등 때문입니다. 부모와 자식 간의 갈등, 부모 때문에 겪는 형제자매간의 갈등, 과거 문제 등등. 집집마다 그 속을 들여다보면 편한 집들이 별로 없습니다. 하나 정도는 이런 문제를 꼭 안고 살아갑니다. 특히 부모님이 아프다든가, 돈 문제가 걸린 형제자매들은 더욱 그렇습니다.

이런 집안의 갈등을 어떻게 해야 풀 수 있을까요? 제 생각에는 이런 갈등은 단칼에 잘라야 된다고 생각합니다. 생각을 자르는 것입니다. 집안의 갈등 문제는 분석하고 곱씹고 곱씹어 봐도 문제는 해결되지 않습니다. 오히려 생각하면 할수록 화가 나고, '왜 나한테 그럴 수 있어?'라는 억울함만 치밀어 올라옵니다. 갈등 문제의 요인은 누구나 자기만 당했다는 생각, 피해자라는 생각을 가지고 있기 때문입니다.

이럴 때 사람들은 엄밀하게 냉정을 찾아서 갈등을 분석하지 않습니다. 자기가 당한 것만 생각하는 경향이 있습니다. 특히 이성보다는 감정이 앞서는 사람들이 그렇고, 대체로 남자보다는 여성들에게 그런 생각이 많은 것 같습니다. 해결 방법은 딱 하나입니다. 자꾸 떠오르는 생각을 단칼에 자르는 것입니다. 갈등을 분석하거나 곱씹지 말고 그대로 잘라 버리는 것입니다.

만약 그럴 힘이 없다면 결국 수행을 통해 그럴 힘을 길러야 합니다. 내 마음을 내 마음대로 리모컨 돌리듯 돌릴 수 있는 힘을 길러야 합니다. 이 마음 하나 어쩌지 못해 사는 것이 우리 인간의 모습입니다. 이 마음 하나를 잘 요리하자는 것이 바로 수행입니다.

38

제가 존경하는 사람은 스님이 아니고 깨달은 두 재가자입니다. 두 분은 유명하시지만 그분들은 나를 알지 못합니다. 나 역시 그분들을 찾아가 본 적이 없습니다. 하지만 그분들은 책으로써 저에게 많은 영향을 준 사람들입니다. 꽃이 피면 저절로 향기가 나고 그러면 벌들이 찾아가듯 멀리서도 그분들이 내뿜는 향기가 은은하게 밀려오고 그 인연을 찾아 그분들이 주신 법향을 맡으며 행복합니다.

깨달은 자와 깨닫지 못한 자를 구분하는 방법은 바로 그 향기인데 깨달은 자는 아상이 없어 자기를 나타내지 않으려 해서 은은하게 향기를 품습니다만 깨닫지 못한 자는 아상이 깊어 색깔이 강해서 나중에는 맡게 되면 독이 되는 냄새입니다.

수행자들은 스승이 아상이 있는 사람인지, 아상이 없는 사람인지 우선 거기에서부터 눈을 떠야 할 것입니다.

• 3장 •

번뇌 속의 자유

선문답은 하나의 진리를 말하고 있습니다. 그리고 그 진리를 실생활에서 어떻게 활용하는가에 초점이 맞춰 있습니다. 그러면 그 진리란 무엇인가? 굳이 언어로 표현한다면 우리가 『반야심경』, 『금강경』에서 많이 접할 수 있는 언어로 '무(無)나 공(空)' 또는 무상(無相)이라고 말할 수 있고, 남방불교의 무아(無我)이며 조금 응용한 진리적 표현으로 '마음'이 진리입니다.

그리고 그것을 실생활에서 활용한 언어가 다른 말로 '불이(佛二)'이며, 반야경의 색즉시공 공즉시색(色卽是空 空卽是色)이며, 선가의 말로는 '번뇌 즉 보리'라는 말입니다. 다시 말하면 '번뇌 속에 자유'가 있다는 말입니다. 이 뜻을 정확하게 이해한다면 불교 공부는 끝입니다.

1절 • 진리 편

1

소크라테스가 한 유명한 말 '너 자신을 알라'라는 말이 있습니다. 이 말을 학창 시절에는 '네 처지를 알아라.' '네 분수를 알아라.' 이 정도의 말로 이해를 했습니다. 그래서 그 말이 무엇이 그렇게 유명한지, 선뜻 이해할 수가 없었습니다. 그 정도 말이라면 보통의 사람이라도 할 수 있을 것 같고, 부모님이나 선생님한테 가끔 들을 수 있는 말인데 뭐가 그렇게 유명해서 명언이라고 말하는지 참 이해할 수가 없었습니다. 그런데 성인이 되고, 불교를 알면서 '아, 이 말이 왜 그렇게 명언인지'를 알게 되었습니다. 그것은 바로 '너의 본질(참나, 불성, 도, 마음, 부처, 기독교로 말하면 마음속의 하나님)을 알라'라는 말이었습니다.

'너 자신을 알라' 이 말은 '나는 누구인가?' 나를 알지 못하고 살아가는 사람들에게 '제발 이제는 네가 누구인지를 깨닫고 살아가라'는 일종의 채근이었습니다. 수시로 변하는 겉으로 드러난 '나'를 보지 말고 진짜의 본성을 깨우치라는 엄중한 말씀입니다. 그 본성을 깨우쳐 한계를 가진 '나'에 집착하면서 삶을 고통스럽게 살지 말고, 우리의 본질을 알아 삶을 평화롭고 즐겁게 살라는 소크라테스의 간절한 당부였던 것입니다.

2

도대체 진리는 어디에 있는가? 우리는 진리를 먼 곳에서 찾으려 합니다. 하지만 진리는 아주 먼 곳에 존재하는 것이 아니라 바로 서 있는 그 자리에 있습니다. 임제선사께서 말씀하신 '수처작주(隨處作主)'라는 말이 있습니다. '서 있는 자리마다 주인공이 되라'라는 말씀입니다. 현대어로 다르게 표현한다면 '지금, 여기에서 주인이 되라'라는 뜻입니다.

하지만 '서 있는 자리에서 주인공이 되라'라는 말 자체가 잘못된 것이라고 생각합니다. '무엇이 된다'라는 말 자체가 유위행이기 때문입니다. 이미 우리는 서 있는 자리에서 주인공입니다. 우리 인간뿐만 아니라 생물, 비생물을 포함한 그 모든 사물들이 있는 자리에서 이미 주인공이자, 진리이자, 불교 용어로 부처입니다. 무릇 청정법신 비로자나불입니다. 그 사실을 아느냐, 알지 못하느냐에 따라 우리는 중생심으로 살아가느냐? 불심으로 살아가느냐? 차이가 있을 뿐입니다.

이 세상에 와서 최소한 '내가 누구인가'라도 알고자 하는 불자나 더구나 도(진리)를 알고자 하는 수행자는 당장 이 자리에서 자신이 수처작주임을 깨달아 마칠 일입니다.

3

진정으로 '내가 누구인지'를 깨닫고 살아가는 사람은 참 많지 않은 것 같습니다. '나의 본질이 무엇인지?' '내가 누구인지?'를 한 번도 의심하지 않고 살아가는 사람도 많은 것 같습니다.

대부분 먹고살기에 바빠서, 먹고사는 문제가 힘들어서, 그런 생각을 하지 않는 것도 있겠지만 처음부터 삶 자체가 먹고사는 것이 전부라고 생각하는 사람들이 대부분입니다. 돈과 명예와 권력과 외모 등과 같이 드러난 것들이 삶의 전부라고 생각하는 사람들입니다. 그분들은 삶의 본질을 생각할 여력이 애초부터 없습니다.

그렇지만 우리는 이 세상에 태어난 이상 최소한 '내가 누구인지?' '나의 본질은 무엇인지?' 이런 것들은 알고 세상을 떠나야 억울하지 않겠습니까?

4

오늘도 밥 먹고, 화장실 가고, 사랑하고, 미워하는 이놈은 누구입니까? 이놈은 도대체 있는 것입니까? 아니면 없는 것입니까? 밥 먹고, 화장실 가고, 감정을 가지고 생각하는 것을 보면 분명 존재하는 것 같은데, 조금 전에 있었던 놈은 흔적이 없이 사라졌습니다. 조금 전에 있었던 놈은 어디로 간 것일까요?

우리는 겉으로 드러난 것은 사람인데 그 속 내용은 끊임없이 바뀌고 있습니다. 오늘 먹었던 음식이 오늘의 피와 살이 되고 내일 먹었던 음식은 내일의 피와 살이 될 것입니다.

따라서 어제의 '나'와 오늘의 '나'가 다릅니다. 생각도 마찬가지입니다.

어제의 생각과 오늘의 생각이 다릅니다. 이름은 변하지 않았지만 나의 내용물은 계속해서 변하고 있습니다. 그렇다면 어제의 '나'가 진짜 '나'입니까? 오늘의 '나'가 진짜 '나'입니까? 어린 시절의 '나'가 진짜 '나'입니까? 아니면 지금의 '나'가 진짜 '나'입니까? 아니면 먼 훗날 늙은 '나'가 진짜 '나'입니까? 아무리 생각해 봐도 진짜 '내가 누구인지' 알 수가 없습니다.

진짜 '내가 누구인지' 알 수가 없다는 것은 나의 실체를 찾을 수 없다는 것입니다. 그런데 사람들은 어제의 '나'와 오늘의 '나'를 동일시하여 '나'에 대해서 말을 합니다. 모두 껍데기만 보고 있다는 것입니다.

진짜의 나(참나)를 찾아야 합니다. 진짜의 나(참나)를 찾는 것 - 그것이 불교의 목적입니다.

5

대부분의 많은 사람들은 '나'를 나타내고 싶어 합니다. '나'를 내세우고 싶고, '나'를 인정받고 싶고, '나'를 알리고 싶어 합니다. 가정에서는 부모로서 또는 자식으로서 가족들에게 인정받고 싶고, 직장에서는 상사나 후배들에게 일이나 인간성 등으로 '나'를 인정받고 싶어 합니다. 가족이나 직장에서만 아니라 사회에서, 나라에서, 더 나아가 자기의 이름이 역사에 기록되어지기를 바랍니다.

하지만 많은 사람들은 남들 앞에서 그렇게 나타내고 싶고, 그렇게 인정받고 싶어 하는 그 '나'를 모르는 경우가 대부분입니다. '내가 나를 모른다'

라고 한다면 사람들은 '나를 모르는 사람이 어디 있어?'라고 반문할지 모릅니다. 하지만 단언컨대 우리가 알고 있는 '나'는 내가 아닙니다.

우리가 '나'라고 알고 있는 이 '나'는 인연 따라 왔다가 인연 따라 사라지는 존재일 뿐, '나'라고 내세울 실체가 없습니다. 몸이 '나'가 아니고 그렇다고 정신이 '나'가 아니고 따라서 몸과 정신 또한 '나'가 아닙니다.

그러므로 '나'를 알리고 싶고, 역사에 기록되고 싶고 하는 그 모든 행위들은 어쩌면 어리석은 행위라고도 말할 수 있습니다. 실체인 '나'가 없는데 '나'를 알리고 싶어 안달하는 것은 홍보의 대상도 없는데 홍보를 하는 것과 같기 때문입니다.

그렇다면 진짜 나는 누구입니까? 진짜 나라면 어떠한 상황이나 환경이 변해도 변하지 않는 영원한 그 무엇이어야 합니다. 그렇지 않으면 '나'라고 말할 수 없습니다. '나'가 없다가 있고, 있다가 없는 것은 '나'가 될 수가 없으며 '나'라고 해도 안 됩니다. '나'라고 말할 수 있는 것은 변함없이 존재하는 것이어야 합니다.

그렇다면 그 변함없이 존재하는 것은 무엇입니까? 그것은 무시무종의 근본이며 우리들의 본래면목입니다. 영원히 변하지 않는 본질 즉 참 자아는 우주가 존재하는 한, 존재하며 참 생명을 어어 가는 그 무엇입니다. 깨달은 사람이란 이것을 철저히 사무치게 알아서, 이것이 늘 생활화되어 버린 사람들입니다.

6

'나'는 '나' 혼자인 것 같은데 나는 혼자 존재하지 못합니다. 내가 존재하기 위해서는 부모님이 있어야 하고, 밥이 있어야 하고, 물이 있어야 하고, 공기가 있어야 합니다. 당장 잠깐만이라도 공기가 없는 곳에 있다면 나는 이 세상에 존재하지 못합니다. 이런 자연적인 것만이 아니라 사회적인 것도 마찬가지입니다. 돈을 버는 직장이 있어야 하고, 친구가 있어야 하고, 나를 지켜 주는 경찰이나 군인이 있어야 합니다. 정신적인 것도 마찬가지입니다. 정신세계가 올바르지 않다면 몸만 살아 있을 뿐 다른 사람과 더불어 살아갈 수가 없습니다.

이처럼 '나'는 '나' 혼자인 것 같은데 나는 혼자 존재하지 못하고 온갖 것들이 나를 채우고 있으며 우주가 내 몸 안에 들어와 있습니다. 따라서 '나'라고 생각하는 '나'는 내가 아니며, 정신적인 것을 비롯한 온 우주가 바로 나입니다. 이것이 참 자아이며, 참 성품이며 나의 본래면목입니다.

참 자아란 일체의 그 모든 것을 말합니다. 바람, 구름, 우주, 번뇌, 사랑…· 등 마치 한 그루의 나무가 자라기 위해서는 그 모든 것이 필요하듯이 인간 역시 우주의 모든 기운이 필요합니다. 그 기운이 바로 참 자아입니다.

따라서 '나'라고 생각하는 '나'는 이 참 자아의 응현이라고 말할 수 있는, 인연에 따라 왔다가, 인연에 따라 본래로 돌아가는 꿈같은 존재인 것입니다.

7

만약 우리들의 머릿속을 물질처럼 바라볼 수 있다면 아마 우리들의 머릿속은 쓰레기장을 방불케 할 것입니다. 뭔가 하고 싶다는 욕망에서부터 잡다한 일상의 일들까지. 머릿속은 갖가지 생각들의 편린들로 정리되지 않은 쓰레기장처럼 지저분함을 넘어설 것 같습니다.

이런 생각의 편린들을 시간으로 나누어 조각조각 분해를 한다면 지금 여기에서 뚜렷하게 보이는 '나'라는 존재는 '과연 있는 것인가?' 하는 의문이 듭니다. 결국 '나'라는 존재는 쓰레기 같은 생각의 편린들의 집합체이며 그 집합체들이 사라지면 '나'라는 존재도 있을 수 없습니다. 따라서 나의 실체는 없습니다. '나'라고 이름 지어 말하는 것은 생각의 편린들의 집합체일 뿐입니다.

8

제가 대학 다닐 때 교수님께서 수업 시간에 갑자기 이런 질문을 던졌습니다.

"만약 내가 죽는다면 지구는 존재합니까? 아니면 존재하지 않습니까?"

이 말에 학생들은 '존재한다'라는 의견과 '존재하지 않는다'라는 의견으로 나누어 잠시 토론했던 기억이 납니다. 여러분은 어떻습니까? 여러분이 세상을 떠나면 이 세상이 존재합니까? 아니면 존재하지 않습니까?

이 문제의 중심에는 '나'가 있습니다. '나'가 있건, 없건 세상은 존재하는가? 아니면 '나'가 없는 세상은 의미가 있는가? 하는 것을 묻는 질문입니다. 사실 객관적으로 말을 한다면 '나' 하나 죽는다고 해서 세상이 사라질 리 없고, '나' 하나 죽는다고 세상이 어떻게 될 리 만무합니다.

그러나 주관적으로 생각하는 세상에서는 '나'의 죽음은 결국 세상의 종말을 의미합니다. 내가 없는 이 지구에 세상은 무슨 의미가 있겠습니까? 내가 없다면 과연 세상은 존재할까요?

이 말과 더불어 숭산 스님이 즐겨 썼던 법문을 올려 볼까 합니다.

"데카르트는 '나는 생각한다, 고로 나는 존재한다.'라고 말했다. 그런데 내가 생각하지 않으면 어떻게 되는가?"

9

뛰어난 사람들 말고도 보통의 사람들조차도 마음속으로는 "나 잘났다!"라는 생각을 하며 살아갑니다. '나 잘났다!'라는 생각은 좋게 이야기하면 자존감이고, 나쁘게 말을 하면 아상(我相)입니다. 그 '나 잘났다!'라는 생각의 밑바탕에는 남과 비교하여 분별하고 차별하는 마음이 깔려 있습니다.

그러나 부처님께서 말씀하신 불교의 목적은 '아뇩다라 삼막 삼보리' 즉 절대 평등입니다. 모든 것은 이름만 있을 뿐, 상(相)이 존재할 수 없습니다. 따라서 '나 잘났다!'라는 아상도 사실은 존재하지 않습니다. 그런데 우리들 가슴속에 아상은 말뚝처럼 박혀 있어 다른 사람과 늘 분별을 키우고, 차별을 만들고, 다른 사람보다 높이 오르려고 욕심내고, 밑에 있는 사람을 깔보고, 집착하는 마음을 키웁니다.

때문에 우리는 부처님 법을 만나 마치 치과 의사가 이빨을 뽑듯이 '나 잘났다!'라는 아상을 뽑아 버려야 합니다. 그리고 아상 때문에 아프고 괴로웠던 삶을 자유와 평화로운 삶으로 전환시켜야 합니다.

10

아상(我相)은 세상의 모든 괴로움과 즐거움의 근원을 바로 '나'로부터 찾습니다. '나'를 내세우고 싶고, '나'를 나타내고 싶고, '나'를 알리고 싶고. 하지만 '나'가 무시당하고, 잊히고, 내 존재가 없을 때는 아상(我相)은 손상을 입어 괴롭습니다. 내 몸, 내 부모, 내 자식, 내 물건, 내 자존심 등이 다른 사람보다 뒤떨어진다든가, 무시당한다는 것을 참을 수가 없습니다. 결국 '나' '나' '나'인데 이런 상태에서 나의 죽음은 세상의 종말을 의미할 수밖에 없습니다.

따라서 이 아상은 육체와 동일시하는 '나'만을 생각할 뿐입니다. '참 자아'나 '참나'가 존재한다는 사실을 깨닫지 못하고 육체를 가진 '나'만이 오롯한 '나'라고 생각하고 살아가는 것이 아상입니다.

하지만 우리가 한 걸음 더 나아가 보면 이 아상(我相)은 우주 인연법에 의한 생성 소멸하는 존재일 뿐, 전혀 실다움이 없는 이름만 있는 존재라는 것을 『금강경』은 역설하고 있습니다. 아상뿐만 아니라 인상, 중생상, 수자상 등 상(相)이라고 생긴 것들은 전혀 실체가 없는 그 이름만 있는 존재들이라고 말합니다. 한마디로 환(幻) 같은 존재들인 것입니다. 마치 영화를 볼 때 그 영상 속의 인물들이 실재한 것처럼 보이지만 영상이 끝나면 전혀 존재하지 않는 환(幻)이듯 말입니다.

우리가 이런 사실 즉 이 세상에 존재하는 그 모든 것이 환이라는 사실을 확실하게 깨닫는다면 거기에 집착하고, 머물려고 하지 않을 것입니다. 머무름이 없는 마음이란 어떤 곳, 어떤 마음에도 집착할 이유가 없는 마음입니다. 그 모든 것이 연기(緣起)라는 대해(大海) 속에서 잠시 일어난 물방울과 같은 것이라는 것을 자각하는 마음입니다. 이것이 무주(無住)의 지혜입니다.

그러므로 아상이 없다는 것은 아무런 장애 없이 구름에 달 가듯이 살아가는 삶을 말합니다.

11

우리는 너무 쓸데없는 걱정을 많이 하며 삽니다. 이미 매일, 매 순간 과거를 생각하고, 또 오지 않은 미래를 생각하며 스스로 포승줄을 묶고 고통스럽게 삽니다. 걱정을 통해 스스로를 묶고 삽니다.

과거, 현재, 미래를 오가며 하루 일과를 번뇌로 시작하여 번뇌로 끝내는 경우가 허다합니다. 어떻게 보면 번뇌를 하는 이유가 '잘 살기 위한 과정'이라고도 말할 수도 있을 것 같지만 우리들의 머릿속을 보면 번뇌에 대한 긍정적인 면이 다소 퇴색되어집니다. 우리들의 생각 중 과거에 대한 생각이 85%라는 연구 결과 때문입니다.

과거라는 것은 이미 지나간 것으로 현재에는 별 쓸모가 없습니다. 물론 과거도 '온고지신'이라고 자아성찰이나 반성을 통한 성장이라면 과거를 교훈 삼는 것은 반드시 필요한 것이지만 우리가 생각하는 과거에 대한 생각과 고민은 거의 쓸모없는 생각이나 망상, 오해, 착각을 하는 것이 대부분입니다. 이미 지나간 것에 대해서 후회하고 아파하는 것이 우리들 번뇌의 대부분이라는 사실입니다. 참으로 어리석은 것이 인간의 번뇌입니다.

그래서 많은 수행자들은 그런 번뇌를 끊기 위해 오늘도 힘든 수행을 견디고 있습니다. 간화선을 하고, 명상하고, 호흡 수련을 하고, 체력 단련을 하고, 절을 하고…. 온갖 수행법을 동원해서 마음에서 일어나는 번뇌를 이겨 보려고 합니다.

하지만 우리가 생각이 있는 한, 번뇌는 끊어지지 않습니다. 아무리 생식기를 끊어도 여전히 성에 대한 생각은 사라지지 않는 것처럼 번뇌는 인간의 뇌가 존재하는 한, 우리들의 번뇌를 끊을 수가 없습니다.

그렇다면 어떻게 해야 번뇌를 극복해야 하는가? 수행자라면 번뇌를 끊으려고 고민하기보다는 번뇌의 경계가 닥칠 때 어떻게 슬기롭게 그 경계를 넘느냐에 수행의 초점이 맞추어져야 합니다. 그리고 한 걸음 나아가서 본질을 통해 번뇌가 공함을 깨닫는 것이 필요합니다. 따라서 번뇌가 너무 많음을 걱정하고 고민할 것이 아니라, 불교적 본질로서 승화시킬 필요가 있습니다.

그 본질이란 다름 아닌 마음을 깨닫는 것이라고 말할 수가 있습니다.

12

인생을 즐겁게 살기 위해서는 욕심이 없어야 합니다. 우리들 마음속에 욕심이 있는 한 인생은 즐거울 수가 없습니다. 욕심은 끝없는 욕구를 요구하기 때문에 여유나 한가로움을 빼앗아 갑니다.

『법구경』에 이런 말이 나옵니다.

'하늘에서 황금비를 내린다고 해도 욕망을 채울 수가 없다.'

우리의 욕심 그릇은 아무리 채우려고 해도 채워지지 않습니다. 마음이 채워지지 않고 늘 허전하기 때문에 욕심 많은 사람은 행복할 수가 없습니다. 욕심이 많으면 만족할 수 없고, 만족할 수 없으면 인생이 즐겁지가 않습니다. 즐거움은 만족에서 나오는데 욕심 많은 사람은 만족을 모르기 때문에 즐거움을 모르고 삽니다.

그런데 사람들은 평생을 돈과 권력을 갖기 위해 희망합니다. 그리고 그것이 영원할 것이라는 착각을 하면서 살아갑니다. 하지만 돈은 돌고 돌아서 있다가도 없고, 없다가 있을 수도 있습니다. 명예 또한 시간이 흐르면 내려놓아야 합니다. 설령 돈과 명예를 평생을 지켰다 하더라도 결국 죽음으로써 끝납니다. 돈이나 명예를 가지고 저세상을 가는 사람은 한 명도 없습니다. 그런데 사람들은 그런 허깨비 같은 돈과 권력을 가지기 위해 평생을 허비하고 때로는 자기 생명까지 제공합니다. 왜? 타고날 때부터 아니, 먼 전생부터 가지고 온 욕심 그릇이 한도 끝도 없어서 그렇습니다.

그 욕심 그릇을 비우는 습관을 들여야 합니다. 적은 것을 가지고 만족하는 사람은 정말로 행복한 사람입니다. 소유욕을 줄여서 번뇌의 근본을 줄여야 할 것입니다.

13

얼마 전 뉴스에 거물급 정관계 인사가 돈에 연루되어 감옥에 간다는 이야기가 나왔습니다. 이제까지 쌓아 온 부(富)를 생각하면 굳이 더 이상 쌓을 필요가 없을 만큼 충분한 돈이 있는데 무엇 때문에 그렇게 욕심을 내는지, 평범한 사람의 생각으로는 참 이해가 어렵습니다. 더군다나 그 돈이 정당한 돈이 아닌 검은돈이며, 감옥 갈 것이 눈에 뻔히 보이는 돈인데도 그 돈을 받는 이유가 무엇인지 참 알다가도 모를 일입니다. 눈앞의 떡밥에 눈이 멀어 그 속에 감추어진 낚시 바늘을 모르고 떡밥을 덥석 물어 버린 물고기처럼 참으로 안타까운 일입니다. 돈이 주인이고 사람이 노예가 되어 버린 전형적인 예입니다.

그런데 정관계에 있는 높은 사람들의 이야기만 아닙니다. 우리 주변에 돈 때문에 얼마나 많은 사람들이 상처받고 가슴앓이 하는 사람들이 많습니까? 돈 때문에 사랑하는 사람과 이혼하고, 돈 때문에 배신하고, 돈 때문에 가족 간의 사이도 멀어지고, 불화하고 심지어 사람까지 죽이는…….

그야말로 주인과 머슴이 바뀐 원리전도몽상(遠離顚倒夢想)의 한 모습입니다.

14

매 순간 지금 여기에서 살기란 참 어려운 것 같습니다. 끊임없이 왔다, 갔다 하는 망상과 번뇌가 지금 여기에서 이 순간을 즐기게 하지 않습니다. 맛있는 음식을 먹고 있어도 그 맛을 즐기지 못하고 머릿속은 온갖 상념들로 가득 차 있습니다. 생각은 과거와 미래를 왔다 갔다 하면서 쓸데없는 망념에 사로잡혀 있습니다. '이 번뇌 망상을 어떻게 해야 잠재울 수 있나' 노력을 해 보지만 잠시뿐, 번뇌 망상은 다시 머릿속에서 활개를 칩니다.

그러나 번뇌 망상을 완전히 제거할 수는 없어도 번뇌 망상을 조금이나마 잠재울 수 있는 방법은 있습니다. 그것은 바로 우리들의 본성을 깨닫자는 것입니다. 본성을 깨달으면 번뇌 망상은 쉴 수 있습니다. 왜냐하면 본성은 하나이기 때문입니다. 망념은 우리가 하나임을 알지 못해서 생긴 마음의 작용이기 때문에 우리가 이 모든 것이 하나임을 알면 우리의 번뇌 망상은 쉴 수가 있습니다.

지금 눈앞에 보이는 것들은 하나의 본성이 만든 그림자일 뿐입니다. 거기에는 토끼의 그림자도 있고, 사자의 그림자도 있습니다. 하지만 그것들은 모두 그림자일 뿐입니다. 그림자를 보고 무서워하는 것은 어리석음입니다. 어차피 본성은 모두 다 같은 것이기 때문에 사자의 그림자든, 토끼의 그림자이든 다 같은 그림자입니다. 그림자가 햇빛에 따라 움직이는 것처럼 우리들의 삶 역시 인연 따라 왔다가 인연 따라 사라질 것입니다. 하여, 어차피 없는 인생, 본성을 깨달아 마음을 턱 놓고 쉬자는 말입니다.

15

제가 아는 보살님 중에 이런 사람이 있었습니다. 이분이 6.25 동란 때 남편을 여의고 어린 아들 2명과 같이 남한에 내려왔습니다. 원래 바느질 솜씨가 좋아서 한복을 만들어 팔기 시작했는데 그런대로 생활도 하고 아이들을 참 번듯하게 잘 키웠습니다. 큰아들은 지방에서 대학 교수를 하고, 둘째는 세무사를 하니까, 남들 보기에는 참 자랑이 대단하였지요. 그런데 이 집에 대단한 사건이 터집니다. 요즘 말로 대박이 터진 것입니다. 그 보살님이 대전 변두리에 틈틈이 땅을 사 놓았는데 한창 아파트가 붐일 때 그 땅이 아주 노른자위 땅이 된 것입니다. 당시 싯가로 이야기하면 10억 정도 되었으니 지금으로 이야기하면 몇십억 원은 될 것입니다.

이 10억을 받자마자 보살님은 생각할 겨를도 없이 자식들에게 반반씩 나누어 주어 버렸습니다. 자식들이 더 좋은 집에서, 더 좋은 환경에서 살기를 바라는 마음 때문이겠지요. 하지만 문제는 그다음에 터졌습니다. 큰아들이 자기가 어머니를 모시고 사는데 당연히 돈을 더 받아야지 어떻게 반반으로 나눌 수 있겠느냐고 어머니께 항의를 한 것이었습니다. 그리고 점점 보살님을 냉대하기 시작했습니다. 보살님은 그것 때문에 늘 눈물바람이었지요. 어떻게 키운 자식인데…. 그런 모습을 보다 못한 둘째 아들이 자기가 어머니를 모시겠다고 보살님을 집으로 데려왔습니다. 그런데 또 이번에는 둘째 며느리가 난리가 났습니다. 내가 둘째인데 왜 어머니를 모시느냐고 남편하고 늘 싸움하고 거의 매일 난리를 쳤습니다. 그것을 보다 못한 어머니가 셋방을 얻어 집을 나왔습니다. 그것을 본 둘째가 아내 하고 대판 싸움을 했는데 아내가 그만 홧김에 농약을 먹고 죽은 것이었습니다.

어떻게 보면 그 10억이라는 대박 땅만 없었더라면 그들은 평범하게 잘 살았을지 모릅니다. 그리고 보살님이 좀 더 현명했더라면, 자식에 대한 욕심이 조금만 없었더라면 그런 아픔이 없었을지 모릅니다. 그런데 자식에 대한 욕심이 커서 10억을 받자마자 아들에게 나누어 준 것이 그렇게 큰 화근이 되어 버린 것입니다.

16

불교에서 제일 많이 사용하는 용어는 아마 탐진치(貪瞋癡)라는 말일 것입니다. 탐진치를 우리말로 그대로 해석을 하면 욕심과 성냄, 그리고 어리석음이라는 말입니다. 이 탐진치를 불교에서는 삼독이라고 합니다. 독이라는 것은 건강이나 생명을 해치는 성분을 말하는 것인데 이 탐진치가 우리의 건강한 몸과 마음을 해치는 것이므로 조심해라라는 의미로 삼독이라 이름 붙인 것 같습니다. 욕심은 자기 좋은 것을 탐하고 싶은 마음 때문에 생긴 독이고, 성냄은 자기가 싫어하는 마음 때문에 생긴 독이며, 어리석음은 '내가 있다'라는 착각 때문에 생긴 독입니다.

이 삼독 중에서 가장 우두머리 독은 치심입니다. '내가 있다'라는 어리석음 때문에 욕심도 생기고 성냄도 생기는 것입니다. '내가 없다'는 것을 확실히 알면 즉 무아를 확실히 증득을 하면 생사도 없고, 생사가 없으니, 탐진치도 있을 리가 없습니다. 그러나 사람들은 치심(癡心) 즉 무명을 무명이라고 알지 못하기 때문에 욕심의 독을 품고 성냄의 독을 품고 살아갑니다. 참으로 안타까운 일입니다.

17

인간이 죽으면 자기의 파장이 있는데 그 파장에 맞게 또 다른 삶의 형태를 지니게 됩니다. 우리는 그것을 윤회라고 부릅니다. 그러기에 '왜 윤회가 있느냐'라는 질문에 이렇게 대답할 수 있습니다.

"모든 생물들은 끊임없이 진화하는데 나름대로 정신력이 있고, 이 정신력은 죽어서도 계속 존재하여 이 정신력이 자기에 맞는 파장을 찾아 안착을 하려 한다."

따라서 좋은 파장은 다음 생에 좋은 환경 속에 태어나지만 나쁜 파장을 지닌 사람은 다음 생에 좋지 않은 환경에 태어날 수밖에 없습니다.

우리는 이번 생에 깨달아 윤회를 그치는 것이 목표가 되어야겠지만 그 정도의 수준이 되지 못할 경우에는 좋은 파장을 가지도록 노력해야 할 것입니다. 그래서 다음 생에 좋은 환경 속에 태어날 수 있도록 지금, 여기에서 성실하게 최선을 다해서 살아야 할 것입니다.

18

저 들판에 아무렇게나 핀 들꽃도 그냥 핀 것이 아닙니다. 나름의 역사가 있습니다. 분명 작년에 꽃을 피우고 그 꽃이 씨앗을 맺어 올해 저 이름 없는 들꽃을 피우게 된 것입니다. 과거 어떤 씨앗으로부터 시작된 것이 올해까지 이어져 온 것입니다. 아마 내년에 또 제 어미가 피운 것 같은 모습의 들꽃을 어딘가 피우게 될 것입니다. 저 들판의 이름 없는 들꽃도 역사가 있는데 하물며 우리 인간의 역사를 이야기하면 뭐 하겠습니까?

부모 없이 태어난 인간은 하나도 없으며, 조상들의 삶이 없이 우리는 이 자리에 있을 수 없습니다. 오늘 우리가 이렇게 존재하는 것은 언젠가부터 시작된 그 무엇으로부터 시작하여 그 무엇이 갈라지고, 갈라지고, 갈라져서 오늘에 이르게 된 것입니다. 그 무엇은 기독교에서는 하나님이 창조해서 만들어졌다고 말할 것이고, 우주의 근원을 이야기하는 사람들은 격렬한 폭발과 팽창에서부터 비롯되었다고 말할 것입니다.

하지만 사실을 알 수 없는 내용이고, 진실은 지금 우리가 존재하기 위해서는 우리의 부모님과 그 위에 부모님과…. 이렇게 이어지는 예전에 그 무엇인가가 있었다는 사실입니다. 그것은 태초로 이어지는 신비입니다. 그러고 보면 저렇게 아무렇게나 핀 들꽃도 함부로 할 수 없는 태초의 역사를 지녔다는 것이 참으로 경외스러울 뿐입니다.

19

파란 가을 하늘을 바라보다가 불현듯 제가 생각지도 않았던 노래가 제 입에서 흘러나왔습니다. 고등학교 시절에 불렀던 노래인데 가수가 누구인지 잘 생각나지 않습니다.

거의 30여 년이 흐른 이 노래가 어떻게 가사도 잊어버리지 않고 노래를 부를 수 있는지, 그것이 참 신기했습니다. 남들이 들으면 '신기할 것도 없다'고 웃고 말 것이지만, 나에게 그 기억이라는 것에 대하여 새삼스럽게 생각해 보는 계기가 되었습니다.

도대체 우리의 기억이라는 것이 얼마나 오랫동안 기억할 수 있을까. 한번 기억을 되살려 보니 4살 때의 기억이 마치 흑백 사진처럼 남아 있습니다. 세 살 이전의 기억은 아예 생각나지 않습니다. 평범한 제가 이렇게 생각난다면 아마 좀 더 특수한 사람들은 2살 아니면, 배 속에 있을 때에도, 또는 그 태아 때를 넘어 전생을 기억하는 사람도 있을 것입니다. 간혹 최면을 통해 전생을 말하고, 현재의 고통이나 아픔 따위를 전생의 기억을 되살려 치유하려는 사람들도 있는 것을 보면 우리들의 무의식이 얼마나 깊은가를 한번 생각해 볼 수도 있을 것 같습니다.

20

몇 년 전 TV에서 어떤 한 영재 아이를 소개하는데 참 신기하고 기가 막혔습니다. 그 아이는 다름 아니라 37개월 된 아이였는데 이 꼬마가 클래식 연주 지휘자였기 때문이었습니다.

이 아이는 여느 아이들처럼 장난감이나 게임 같은 것은 전혀 흥미가 없습니다. 오로지 클래식 음악을 들으며 지휘하는 것이 이 아이의 즐거움입니다. 백화점에 가도 먹을 것이나 장난감에는 전혀 흥미가 없습니다. 음악 코너를 가서 베토벤이나 모차르트 같은 음악가 CD를 골라 와서 그 음악을 듣거나 그 음악을 들으며 지휘를 해 보는 것이 이 아이의 즐거움입니다. 그리고 실제로 이 아이는 어른들의 현악 연주를 지휘하는 데 전혀 모자라거나 이상하지도 않았습니다.

그렇다면 37개월 아이가 현실적으로 부모로부터 교육을 받았을 리가 없습니다. 물론 부모님들이 음악을 하시는 분들이었기에 음악을 가까이 할 기회는 많이 있었겠지만 37개월 아이가 대학 나온 어른들도 별로 좋아하지 않는 클래식 음악을 아이답지 않게 좋아한다는 것과 그것을 지휘할 수 있다는 것은 보통의 상식으로 잘 이해가 되지 않습니다.

결국 그 아이의 무의식 즉 전생부터 이어 온 업식을 생각하지 않을 수 없습니다. 이 아이는 아마 전생에 음악가 출신이 아니었을까, 생각해 봅니다.

모차르트 같은 경우는 4살 때 이미 작곡을 할 정도였고, 바둑의 이창호나 이세돌 같은 경우도 아주 어린 날에 이미 보통 상식의 경우를 넘어선

천재들입니다. 전생의 업이 현생에 와서 다시 태어난 윤회의 결과라고 생각하지 않을 수 없습니다.

이런 것들을 볼 때 명리학에 사주팔자 같은 것을 '미신이다' 하면서 무시하는 경향이 있지만 어떻게 생각하면 그것들은 결코 무시할 수 없는 것이 현실이라는 생각이 듭니다. 현실 세계에서 우리가 생각할 수 없는 상식 이외의 일들이 빈번하게 일어난다는 사실이고, 그것들을 명리학을 하는 사람들이 간혹 정확하게 맞춘다는 사실입니다.

하지만 불교를 공부하는 불제자들은 이 업을 순수하게 받아들여야 하는가에 대한 의문을 가져 봐야 합니다. 왜냐하면 그 사주팔자라는 것은 현실에서 그때그때의 인연과 마음에 따라 달라지는 것이기 때문에 그 사주팔자가 절대적인 것이 못 된다는 점이고, 무엇보다도 『금강경』에서 부처님께서 말씀하신 '여몽환포영(如夢幻泡影)'이라는 말이 생각나기 때문입니다.

21

부처님께서는 우리네 삶이 꿈이고, 환(幻)이고, 그림자라고 말씀하셨습니다. 우리네 삶이 꿈이고, 환(幻)이고, 그림자인데 무슨 업이 의미가 있겠는가 하는 말입니다. 업이라는 것이 무의미하다는 말입니다. 다시 말하면 우리들 삶 자체가 실재하지 않는 꿈인데 당연히 업이라는 것도 꿈이라는 말입니다. 『금강경』의 말을 그대로 따르면 삶 자체가 없고 따라서 업 자체도 없다는 말입니다. 이 점을 불제자라면 분명하게 알고 가야 할 것 같습니다.

아무리 뛰어난 인생이라고 하더라도 인간으로 태어난 이상 고통을 받을 수밖에 없습니다. 아무리 행복해 보이는 사람일지라도 인간으로 태어난 이상 고통을 피할 수가 없습니다. 부처님께서 말씀하셨듯이 일체개고(一體皆苦)이기 때문입니다. 세상에서 뛰어나고 행복해 보이는 사람들도 그럴진대 하물며 우리 같은 범부의 인생은 얼마나 고통이 많겠습니까? 따라서 우리는 이 고통에서 벗어나려는 노력을 해야 하고, 어떻게든 업의 윤회를 이 생에서 끊어야 합니다.

윤회를 끊는 방법은 이 세상을 환(幻)으로, 그림자로, 꿈으로 여실하게 보는 것입니다. 다르게 말하면 나의 실상을 바로 알아야 한다는 것입니다. 즉 무실무허의 실상과 무아를 여실하게 깨달아 체득해야 한다는 점입니다. 깨달아 체득하는 것으로 끝나는 것이 아니라 또 지혜로서 그것을 실천해야 한다는 것입니다. 한마디로 말하면 본래(本來)로 돌아가 본래(本來)대로 살아야 한다는 의미입니다.

설령 업이 존재하여 우리들의 삶에 영향을 끼친다고 해도 좋은 업식이든, 나쁜 업식이든 그것은 분명히 환(幻)이고 그림자입니다. 제법이 무아이기 때문입니다. 이 점을 불제자라면 분명히 깨닫고 살아가야겠습니다.

22

같은 흙에서 나오는데 목련은 하얀꽃을, 살구꽃은 분홍빛을, 수선화는 노란꽃을…. 그리고 같은 흙에서 나오는데 꽃의 모양도 가지각색입니다. 왜 그럴까? 곰곰이 생각을 해 보았더니. 그 원인은 씨앗이었습니다. 씨앗이 다르니 나무도 꽃의 모양도 달랐습니다.

우리 인생도 사람마다 각기 다른 모습이고 삶의 형태도 참으로 다양하게 살아갑니다. 잘사는 사람, 못사는 사람, 높은 사람 낮은 사람…. 그 원인은 무엇일까, 곰곰히 생각해 보니, 그것 역시 씨앗 때문이었습니다. 같은 부모, 같은 환경, 즉 형제간에도 다를 이유가 없는데 삶의 형태가 다른 것은 바로 자기가 간직해 온 씨앗 때문이었습니다. 그 씨앗은 바로 수천 년을 스스로 간직해 온 나의 업보입니다.

전생의 나의 업보!

부모가 만든 것이 아니라, 내가 전생부터 만든 씨앗(업보) 때문이었습니다. 따라서 오늘도 이렇게 힘든 것은 부모 탓, 환경 탓, 너의 탓 때문이 아니라, 바로 내 탓 때문입니다. 나의 업보, 내 씨앗 탓입니다.

23

우리는 과거의 기억을 머릿속에 저장하고 삽니다. 그리고 그 기억을 이미지화하여 '좋다' '나쁘다' '행복했다' '불행했다' 등으로 저장합니다. 그런데 그 저장된 기억이 어떤 관련된 경험을 만나면 그 기억들이 문득문득 머릿속에 떠오르게 되는데, 그것을 우리는 '업보'라고 말합니다.

늘 세상을 긍정적으로 살아온 사람들은 그 업보가 아름다워서 어떤 경우에도 긍정적으로 생각할 것이요, 늘 부정적으로 살아온 사람들은 업보가 좋지 않아서 어떤 경우에도 부정적으로 생각할 것입니다.

그러고 보면 다람쥐 쳇바퀴처럼 반복되는 업보가 참 과중하다고 할 것입니다. 순간순간 좋은 업을 지려는 노력을 하며 살 일입니다.

24

우리는 탐진치라면 무조건 나쁜 것으로 인식되어 있는데 그 개념과 한계를 분명히 해야 할 것 같습니다.

밥을 먹고자 하는 욕구는 욕심이라고 할 수 없습니다. 그것은 좋은 것도 아니고, 나쁜 것도 아닌 그냥 삶이고, 자연입니다. 결혼한 남녀의 성행위도 좋은 것도 아니고 나쁜 것도 아닌 그냥 삶이자 자연입니다. 그리고 정당하게 돈을 벌어 가정을 지탱하고자 하는 욕심 역시 좋은 것도 아니고 나쁜 것도 아닌 그냥 삶입니다. 어부가 바닷가에 가서 수산물을 잡는 것은 살생이 아니라 그냥 삶입니다.

욕심도 좋은 욕심이 있습니다. 남을 돕고자 하는 욕심, 남을 이롭게 하는 욕심. 부처님이나 예수님은 인류를 구원하고자 하는 욕심을 가졌지만 그것을 욕심이라고 하지 않습니다.

성냄도 마찬가지입니다. 안중근 의사가 이토 히로부미를 살해한 것은 살인이 아니라 생존을 위한 분노입니다. 민주주의를 위해 길거리에서 돌을 던지는 것도 촛불을 드는 것도 생존을 위한 분노입니다. 폭행하는 남편에 대항하는 것, 갑질하는 사람에게 분노하는 것. 역시 생존을 위한 정당한 성냄입니다.

그러면 어떤 것을 탐진치라고 하는가? 그 첫 번째 기준점은 편안하게 살고 있는 남에게 피해를 주는 욕심, 성냄, 어리석음을 탐진치라 말합니다. 남의 것을 내 것으로 만들고자 하는 것은 탐심이며, 남에게 아픔이나 혐오나 불쾌감을 주는 것은 진심이며 어리석음으로 인해 남에게 고통을 주는 것은 치심입니다. 따라서 남에게 피해를 주느냐, 주지 않느냐가 '탐진치냐? 탐진치가 아니냐?'로 구분될 수 있습니다.

두 번째는 자기 분수에 과도하거나 지나친 것을 말합니다. 밥을 먹어도 적당하게 생존을 위해 먹어야 하는데 먹는 것에 지나친 욕심을 부릴 때 그것은 탐심이라고 말합니다. 과도한 성행위도 마찬가지이며, 과도한 돈벌이도 마찬가지이며, 과도한 성냄도 마찬가지입니다. 과도한 성냄은 테러입니다. 물질적인 것만이 아니라 정신적인 것도 마찬가지입니다.

그리고 무슨 일을 할 때마다 '내 편' '네 편'으로 편을 가르는 사람, 오로지 내 것, 내 길만 옳다고 주장하는 사람, 전체를 보지 못하고 작은 것에 욕심을 내는 사람(바둑의 고수는 한 점을 놓을 때 전체를 보는 눈이 있지만 하수일수록 눈앞에 작은 이익만 매달려 전체를 죽게 합니다). 참으로 어리석은 사람입니다.

우리는 목숨이 존재하는 한 탐진치를 버리고 살 수는 없습니다. 욕심이

나 분노는 우리의 삶을 지탱하는 요인이기 때문입니다. 밥을 먹고자 하는 욕구나 성에 대한 욕구가 없다면 우리는 존재할 수가 없습니다. 또한 정의에 대한 분노가 없다면 오늘의 인류 역사는 존재하지 않았을 것입니다.

따라서 무조건 탐진치가 나쁘다는 것은 잘못입니다. 바르게 정도를 가지 않는 탐진치가 우리 삶에 독이라는 이야기입니다. 소아(小我)를 버리고 대아(大我)로 가는 바른 정견을 우리 불자들은 늘 지녀야 할 것입니다.

25

사람들이 생각할 때 도인이라면 무슨 특별한 사람이라고 생각하는 경향이 있는 것 같습니다. 어릴 때 만화책을 보거나 중국 영화를 보면 거기에서 나오는 도인의 모습은 한결같이 신비롭고 세상 이치를 다 통달한 사람이라고 묘사됩니다. 우리는 거기에 많은 영향을 받아서 도인들을 신비롭게 생각하는 경향이 있습니다. 그렇지만 만화나 중국 영화에서 보는 도인 말고 진짜 도인들은 어떤 사람들일까? 도인이라는 표현이 중국적 표현이고 현대적인 느낌이 아니라면 요새 말로 깨달은 사람은 어떤 사람들일까?

제가 만나본 깨달은 사람들은 전혀 신비롭지 않고 세상 이치에 통달은 사람들도 아닙니다. 오히려 세상 물정 모르는 사람들 같습니다. 순수해서 어린애 같은 사람들입니다. 어린애 같아서 지금 여기에서 즐길 뿐 집착을 모르는 사람이며 흔적을 남기지 않는 사람이라는 특징이 있습니다.

그렇지만 흔적을 남기지 않는 생활이란 말이 그렇지 보통 어려운 것이 아닙니다. 흔적이 없다는 것은 한마디로 어떤 집착도 없다는 이야기입니다. 어떤 장애가 와도 거기에 대한 집착이 없기 때문에 구름에 달 가듯이 그렇게 지나갈 뿐입니다. 그러나 범부들은 조그마한 장애만 와도 거기에 집착하여 힘들어하고 고통을 받습니다. 그것이 범부와 깨달은 사람과의 차이점입니다.

결국 깨달은 사람이란 신비로운 사람이 아니라, 삶과 죽음에 대해서 집착이 전혀 없는 그저 평범한 사람이면서도 결코 평범하지 않은 사람을 깨달은 사람이라고 말합니다.

26

『신심명』에 나오는 것처럼 깨달음이란 알고 보면 참 간단합니다. 마음속에 미워하는 마음이나 사랑하는 마음, 좋고 나쁜 마음 같은 차별 경계만 없다면 바로 그것이 도(道)이고 깨달음이라고 승찬 대사는 말을 합니다.

그런데 사람들은 이렇게 간단한 것을 알면서도 깨닫지 못하고 있습니다. 그것은 깨달음이 아무리 간단하여도 차별 경계를 버리지 못하기 때문입니다. 아주 작은 것에도 미움과 사랑, 옳고 그름, 좋고 나쁨을 따져 생활하는 습관(習慣)이 몸에 배어 있어 도를 알기가 어렵습니다.

우리는 아침마다 출근길에 옷에 신경을 씁니다. 무슨 옷을 입을까? 이 옷을 입으면 남들이 뭐라 생각할까? 괜찮을까? 좋은가? 아니면 별로인가? 이런 고민을 하며 옷을 입고 출근합니다. 항상 남을 의식하고 남에게 어떤 모습으로 자기가 보여질까, 걱정하며 삽니다. 사람들을 만나도 그냥 만나지 못하고 순간순간 차별 경계를 늦추지 않습니다. 좋은 사람 나쁜 사람, 나에게 해를 끼칠 사람, 나에게 도움을 줄 사람 등 의식적이든 무의식적이든 차별 경계를 하면서 사람을 만나고, 순간순간의 자기감정 속에서 살아갑니다.

이러한 차별 경계가 우리를 깨달음으로 가지 못하게 하는 원인입니다. 바닷물의 입장에서 보면 아무리 큰 파도도, 물이고 작은 파도도 그냥 물입니다. 차별 경계가 사라지면 본질이 보이고, 본질을 보면 차별 경계가 자연히 사라집니다.

우리는 모두 완전하게 구족되어 있고 모두 깨달은 부처입니다. 단지 그 사실을 아느냐, 알지 못 하느냐의 차이일 뿐, 일체가 절대 평등한 존재들입니다. 그리하여 아는 자는 분별과 차별과 높낮이가 없어져 가고, 알지 못하는 자는 여전히 차별과 분별과 높낮이 속에 살아가는 것입니다.

27

달을 가리키는 말은 많습니다. 보름달, 하현달, 상현달, 반달, 초승달, 대보름달 등등. 하지만 달을 가리키는 말은 많아도, 달은 변함없이 둥그렇게 지구 주위를 돌고 있는 것이 진리입니다. 불교의 진리도 마찬가지입니다. 무아나, 공이나, 참나나, 진여나, 불성이나, 무상이나, 중도나, 무심이나, 본성이나, 본래면목이나, 여래나, 마음이나, 참성품이나…. 모두 글자만 다를 뿐, 똑같이 진리를 가리키는 말입니다. 이 글자를 가지고 자기가 본 것이 맞다 하고 주장하는 사람이 있다면 그 사람은 진리를 보지 못한 사람입니다.

달의 정체성을 분명히 알고 있는 사람은 달을 가리켜 보름달이라고 하든, 상현달이라 하든, 반달이라 하든 그 글자에 매이지 않습니다. 그 사람은 달이 기간에 따라 달의 모양이 달라지는 것을 알고 있기 때문입니다. 불교의 진리도 아는 사람은 글자에 매이지 않습니다. 불교의 진리 역시 시대의 변천에 따라, 장소에 따라, 그때그때의 뛰어난 인물들의 진리 표현 방식에 따라, 변해 온 것은 사실이기 때문입니다. 하지만 달이 태고나 현대나 변함이 없듯 진리 역시 태고나 지금이나 변함이 없습니다. 단지 그 이름만 다를 뿐입니다. 그러니 글자나 문자에 매인다는 것은 진리를 아직 알지 못한다는 의미입니다.

그러면 무엇이 진리인가? 그 진리에 대해서는 『반야심경』이 최고의 핵심을 말하고 있습니다. '오온이 공하여 색이 공이고 공이 색이니, 불생불멸 불구부정 부증불감'이라고…. 이것만 뚜렷히 확철하게 체득하여 알고 있다면 글자에 매이지 않고 모든 진리를 꿰뚫어 알 수 있습니다. 모든 불교의 진리가 이것의 다른 이름이기 때문입니다.

28

불교는 욕망을 버림으로써 얻게 되는 또 다른 삶의 희열입니다. 편안함, 행복, 자유, 평화 등. 하지만 사람들은 욕망을 버리는 방법을 모르게 때문에 진리를 통해 버림을 알게 하고자 하는 것이 불교의 목적이기도 합니다.

그 진리라는 것은 한마디로 말하면 공(空)입니다. 그 공에 순응하면서 살면 자연적으로 욕망을 버릴 수 있게 됩니다. 따라서 진리 추구는 목적이 아니라 삶을 행복하게 하기 위한 하나의 방편입니다.

29

『법화경』에 장자의 아들 이야기가 나옵니다. 거지로 살다가 장자의 집 앞에서 거지 행세를 했는데 알고 보니 그가 바로 장자의 아들이었다는 이야기입니다. 이 이야기는 우리는 완전히 갖추어진 본래 부처인데 먹을 것을 추구하는 거지처럼 이리저리 방황하며 바깥에서 뭔가를 얻기 위해 갈구하는 인간이라는 이야기입니다.

『반야심경』의 말대로 전도몽상하여 내가 바로 주인인데 주인인 줄 모르고 사는 것이 우리 인간입니다. '네가 바로 주인이야!'라고 이야기를 해도 그것을 믿지 못합니다. 당신은 완전하고, 이 세상이 완전하고, 불생불멸의 존재라고 수없이 말을 해도 믿지 못합니다. 수억 년을 거지로 살아

와서 그렇습니다. 그러나 그 거지가 자기가 주인임을 깨닫는 순간, 바로 그것이 우리가 말하는 '깨달음'이며 '견성'이라고 말합니다.

그리고 비록 그 거지가 자기가 그 장자의 주인임을 알았다 해도 단번에 부잣집 아들 노릇을 하지 못합니다. 거지로 살아온 습성이 있어서 그렇습니다. 장자로서 품위를 가지기 위해서는 오랜 세월 거지로 살아온 습성을 없애야 합니다.

우리의 공부도 마찬가지입니다. 비록 돈오해서 견성을 했다 해도 그동안 부와 명예와 욕망을 추구하며 살아온 습성이 쉽게 사라지지 않습니다. 그 모든 욕망을 버리기 위해서는 습을 바꿔야 합니다. 점수하는 것입니다. 그래서 마침내 성불을 이루어야 합니다.

거지가 주인임을 아는 것 - 그게 견성이며, 주인이 되어서도 주인 행세를 하기 위해서는 거지의 습성을 완전히 버리는 것 - 그게 성불입니다. 그래서 우리 불자들 인사말에 '견성성불 하십시오'라는 말이 있습니다.

30

진정한 자유는 내가 힘이 있을 때 찾아옵니다. 내 안에 힘이 없으면 자유란 찾아오지 않습니다. 돈이 많은 사람이 거지 흉내를 내며 거지같이 산다고 해도 그래서 남들이 그에게 '거지 같다'라고 손가락질해도 그는 당당하기에 그 거지 같음을 즐길 수가 있습니다. 그것은 바로 내 안에 돈이 넉넉하기 때문에 남들이 뭐라 해도 나 스스로가 부자임을 알기 때문입니다.

자유도 마찬가지입니다. 내가 당당하고 떳떳하면 인생을 자유롭게 살 수 있습니다. 내가 당당하지 않고 떳떳하지 못하니까, 자유를 누리지 못하고 남의 눈치를 보고, 남이 나에게 뭐라 할까, 신경 쓰고 살아갑니다. 내가 실력이 있고, 당당하고, 떳떳하면 두려울 게 없습니다. 세상은 자유롭습니다. 누가 뭐라 하든, 누가 손가락질하든, 그런 것에 신경 쓰지 않고 자유로운 삶을 누릴 수 있습니다.

불교에서의 자유와 해탈도 마찬가지입니다. 수행을 통해 그 완전함을 깨우칠 때 그 자유와 해탈을 누릴 수 있습니다. 그런 실력도 없이 아무리 나 스스로 자유와 해탈을 누리려 해도 자유와 해탈은 요원합니다. 자유와 해탈은 외부에서 주어지는 것이 아니라 내 안에서 나 스스로 만든 것이기 때문입니다. 진정한 자유를 누리기 위해서도 실력이 있어야 합니다.

31

인간은 비가 조금만 더 와도 걱정이고 비가 조금 안 와도 걱정이고, 온도가 평년보다 조금만 높아도 걱정이고 또 낮아도 걱정입니다. 하지만 자연은 인간의 마음에는 아무런 관심이 없습니다. 그저 여여하게 흘러갈 뿐입니다. 설령 온난화로 지구가 없어진다고 해도 우주 입장에서 보면 백사장에서 모래 하나가 없어진 것처럼 아무런 흔적도 없습니다.

그런데 인간만이 애가 타서 기도하고, 비가 많이 오면 적게 오게 해 달라고 기도하고, 비가 적게 오면 많이 와 달라고 기도합니다. 기도한다고 해서 자연은 그 기도에 정말 아무런 관심도 없습니다. 그저 여여하게 지나갈 뿐입니다.

우리가 그런 자연을 닮아 무심하게 산다면 이미 도를 이룬 도인이라 말할 것입니다.

32

어느 불자가 '부처가 무엇입니까?'라고 나에게 묻기에 '내가 부처'라고 말했더니 금세 낯빛이 달라지며 이상한 눈으로 나를 쳐다보았습니다. '내가 부처'라고 하니까 아마 아상에 찌든 사람이거나, 사이비 교주 행세를 하려는 사람처럼 느껴진 모양이었습니다. 그래서 웃으면서 말했습니다.

"내가 부처이자, 당신이 부처이고, 저 나무가 부처이고 저 하늘이 부처이고… 처처가 부처입니다."

'내가 부처'라는 말은 이 에고의 나를 말하는 것이 아닙니다. '참나' '참자아' '참된 나'를 가리키는 말입니다. '참나'나 '참된 나'는 이 에고의 나를 있게 하는 근원입니다. 다른 말로 본질이며, 본성이며, 본래면목이며, 불성이며, 도이며, 마음자리이며 부처이며 '천상천하 유아독존'입니다. 따라서 참나는 불생불멸이며 불구부정, 부증불감의 존재입니다.

그러면 이 몸을 가진 나(에고의 나)는 무엇인가? 바로 그 '참나'의 응현입니다. '참나'의 그림자라는 것입니다. 바닷물이 바람이라는 인연을 만나 물결을 만든 것처럼 이 '몸으로 된 나'는 '참나'가 지수화풍의 인연을 만나 '나'라는 인간을 만든 것입니다. 우리는 그 불생불멸의 부처로 돌아가야 합니다.

33

어제 토마토를 시장에서 사 왔는데 먹기가 별로 좋지 않습니다. 토마토가 다른 채소나 과일에 비해서 영양이 풍부하고 몸에 좋다고는 하지만 생으로 먹기에는 밋밋한 그 맛이 썩 내키지 않습니다. 그런 토마토를 어떻게 먹을까 고민하다가 토마토를 믹서기에 갈아 주스를 만들자는 결론에 이르렀습니다.

그래서 잠시 토마토를 믹서기에 갈아 컵에 옮겨 놓았습니다. 그리고 막 그것을 들이키려는 순간 문득 이런 생각이 들었습니다. '이 컵에 든 토마토는 토마토일까? 토마토가 아닐까?' 하는 엉뚱한 생각이 떠올랐습니다. 모습은 달라졌을 뿐 모든 요소나 성분은 조금 전의 토마토와 다름이 없는데 이것을 토마토라고 해야 할까, 토마토가 아니라고 해야 할까 하는 생각이 든 것입니다.

토마토입니까? 토마토가 아닙니까?

34

제가 존경해 마지않는 도반 중에 저에게 이런 질문을 하는 도반이 있었습니다.

"소나타가 고장이 나기 시작해서 자동차 부품을 갈기 시작했다. 그래서 나중에는 부품 전체를 그랜저로 바꾸었다고 했을 때 그 차는 소나타일까? 아니면 그랜저일까?"

'소나타'라는 차로 처음 차를 샀는데 그 차의 부품을 '그랜저'라는 차종의 부품으로 모두 갈아 버렸다면 '그 차는 소나타인가? 그랜저인가?' 하는 물음입니다.

정말 이 차종은 소나타일까요? 그랜저일까요? 등록은 소나타로 되어 있는데 내용은 그랜저라면 그것을 어떤 차종으로 분류해야 좋을까요?

만약 내 머릿속에 인간의 삶이 아닌 자연으로 가득 차 있다면 나는 인간인가요? 아니면 자연인가요?

윗글의 요구하는 핵심은 무상(無相)입니다. 『금강경』을 단 두 마디로 압축하면 무상(無相)과 무주(無住)인데 이것을 다시 풀어쓰면 '모든 것이 흘러가기 때문에 이름만 있을 뿐'이라는 것이 핵심입니다. 나도 없고, 너도 없고, 중생도 없고, 만법도 없어서 집착할 것이 없으며 그리하여 모두 다 평등하다는 것이 『금강경』의 요지입니다.

이 『금강경』의 무상(無相)을 이야기하기 위해 '소나타의 부품을 그랜저로 모두 다 바꾸면 어떤 차종이 되는가?'라는 물음을 던졌습니다. 제가 '성견'이라는 이름은 있지만 어제 다르고, 오늘 다르고, 내일 다릅니다. 하루에도 500억 이상의 세포가 파괴되고 새로 생기니까요. 시간상만 아니라, 공간적으로 현재의 '나'이지만 가족, 친구, 동네 꼬마와 나, 옛 동료 교사들, 또 제자들이 보는 시각에 따라 '나'는 변합니다. 따라서 상황 상황에 따라 나의 이름도 변합니다. 그리하여 나는 누구라고 이름 붙일 수 없습니다. 확실한 상(相)이 없는 무상(無相)입니다.

그랜저와 소나타 이야기도 마찬가지입니다. 시간에 따라 부품이 변해간다면 이름만 소나타이지 소나타가 아닙니다. 무상(無相)입니다.

35

아침저녁으로 제법 찬바람이 불어 열대야 때문에 잠 못 이루었던 지난 이삼 주가 이제 기억 속에서만 남게 될 것 같습니다. 참으로 지난 여름은 더웠노라고. 아무리 '덥다' '덥다' 해도 계절의 순환 앞에 어쩔 수 없고, 아무리 돈 많고 권력이 있다 해도 세월 앞에 장사가 없는 것 같습니다. 그야말로 제행무상입니다.

모든 것은 지나갑니다. 아무리 힘든 고통도 지나가고, 뛸 듯한 기쁨도 지나갑니다. 때문에 힘들다고 너무 아파할 필요가 없으며, 기쁘다고 너무 좋아할 필요도 없는 것 같습니다.

인생이라는 것도 정확하게 이야기하면 제행무상, 한바탕 꿈속 이야기입니다. 그런데도 인간들은 끝내 이 세상에 '뭔가 있을 것'이라고 생각하면서 집착을 버리지 않습니다. 끝없이 긁어모으려 하고, 높이 오르려고 하고, 이름을 새기려 하고, 오래 살려고 발버둥 칩니다. 그 모든 것이 한바탕 지나가는 바람이고, 꿈인데도 꿈인 줄을 알지 못합니다. 이것이 우리가 어리석은 이유입니다.

36

도를 깨우치려고 수행하는 사람은 차별 경계의 삶에서 벗어나야 합니다. 도는 태허처럼 원만하여 모자람도 없고 남음도 없습니다. 하루의 해는 아침에 떠서 저녁에는 서쪽으로 사라집니다. 이것이 도입니다.

하루가 시작하였다고 특별한 일이 아니며 하루가 사라졌다고 또 특별한 일이 없습니다. 그저 하루가 시작되면 사람의 마음만 분주하게 오갔을 뿐이지, 자연은 전혀 달라지지 않습니다. 아무리 날짜에 색칠하고, 의미를 부여하고, 차별을 두려고 해도, 하루의 해는 아침에 떠서 저녁에는 서쪽으로 사라집니다.

우리 인간들이 추구하고자 하는 행복은 말 그대로 순간의 일입니다. 그 순간이 지나면 여전히 삶은 권태스럽고 괴롭습니다. 그래서 또 어떤 계획을 세우고, 의미를 찾고, 돌파구를 찾아보려 하지만 삶은 다람쥐 쳇바퀴 돌듯이 그 상태가 계속될 뿐입니다. 또한 지구가 온난화되어 날씨가 변하고, 환경오염이 되어 생태계가 파괴되고, 핵전쟁이 터져 지구 곳곳이 폭발을 한다 해도, 지구 껍데기의 상처만 입을 뿐 지구는 여전히 태양 주위를 정확하게 돌 뿐입니다. 전혀 변함이 없습니다. 우리 인간의 마음만

오고 갈 뿐입니다.

37

세상을 살면서 우리는 진실을 보고, 진실 된 말을 듣지 못하고 사는 경우가 거의 대부분입니다. 진실이 몇 사람만 거쳐 가면 진실은 거의 왜곡되고 맙니다. 거기에는 자기의 감정과 추측과 편견과 오해가 섞여 전달되어지기 때문입니다.

한마디로 사람들은 자기 나름대로의 색안경을 쓰고, 보고, 듣고 전달하기 때문에 진실과 멀어지게 된 것입니다. '있는 그대로' 세상을 보지 못한다는 것입니다. 나와 맞지 않으면 틀렸고, 나와 맞으면 진실이라고 믿고 삽니다. 모두 다 내 마음의 색안경을 거치기 때문입니다.

우리는 색안경을 벗고 진실을 보려는 자세를 가지고 살아가야 합니다. 색안경을 벗는다는 것은 '있는 그대로' 세상을 본다는 의미입니다. 어떤 의미로 진실을 본다는 의미입니다. 불교에서의 진실을 본다는 것은 진리를 본다는 의미이겠고, 그 진리를 불교적 용어로 말하면 본질, 본성, 진여, 여래, 공 등을 말함입니다.

38

견성(見性)이란 '성(性)' 즉 본바탕을 본다는 뜻으로 이 우주의 본질을 본다는 뜻입니다. 이 우주의 본질은 두 개가 아니라 하나일 수밖에 없는데 '그 하나가 무엇인가?' 하는 문제입니다. 그 하나는 물리학에서도 그렇고, 종교적으로도 그렇고, 바로 공(空)입니다. 이 우주의 본바탕은 공(空)이지만 그 공(空)이라는 것이 우리가 생각하는 텅텅 빈 공(空)이 아니라 '알 수 없다' '분별할 수 없다'라는 뜻의 공(空)입니다.

있는 것도 아니고, 없는 것도 아니라서 알 수가 없는 것이 이 공(空)입니다. 마치 거울 속의 모습은 분명 존재하는데 거울 속의 모습이 실재하지 않는 것과 같습니다. 이 우주의 본질이 마치 그렇다는 것입니다. 분명히 존재하는데 존재하지 않습니다. 분명 어제 있었던 일은 존재했는데 꿈과 같이 오늘은 존재하지 않습니다. 그래서 공이고 이것을 분명히 알 때 '견성(見性)했다'라고 하는 것입니다.

39

사진 속의 물은 흘러가는 것처럼 보일 뿐이지 흘러가는 것이 아닙니다. 우리들의 생각이라는 것도 그런 사진과 같습니다. 본래의 생각이라는 것은 흘러가는 것처럼 보일 뿐이지 흐르는 것이 아닙니다.

40

우리는 인생을 살아가면서 뭔가 있을 것이라는 생각을 하고 삽니다. 글을 쓴다든가, 그림을 그린다든가, 아니면 정치적으로, 사회적으로, 경제적으로 뭔가 있을 것이라는 기대를 하면서 삽니다. 또한 수행을 하면서도 뭔가 얻을 수 있고, 수행을 통해 뭔가 모르지만 뭔가를 이룰 수 있을 것이라는 생각을 하며 수행을 합니다.

그러나 분명 존재하는 것은 없습니다. 어떤 것을 이루기까지 많은 고통이 있고 그 고통은 어떤 것을 이루기 위해 치러야 할 대가라고 생각하며 인내합니다. 그리고 어떤 것을 이루었을 때 뭔가 있을 것이라는 생각을 해 보지만 사실 거기에는 아무것도 없습니다. 마치 등산을 할 때 산 정상에 가면 뭔가 있을 것 같다고 생각하며 산에 오르지만 막상 정상에 오르면 거기에는 아무것도 없습니다. 정상에 왔다는 잠시의 기쁨만 있을 뿐 정상에는 그저 늘 보았던 흙이나 바위 돌들만 존재할 뿐입니다.

인생도 마찬가지입니다. 삶 자체가 텅 빈 본래 무일물입니다. 텅 비어서 위아래도 없고 높낮이도 없고 많고 적음도 없습니다. 『금강경』에 이런 말이 나옵니다.

"수보리야 남서북방과 사유와 상하허공을 가히 생각으로 헤아릴 수 있겠느냐?"

"못 하겠습니다. 세존이시여."

"수보리야 보살의 상에 머무름이 없는 보시의 복덕도 또한 다시 이와 같아서 생각으로 헤아릴 수 없느니라."

실상은 처음부터 삶도 없고 죽음도 없고, 태어남도 없고 머무름도 없습니다. 모든 것은 이름만 있고 인연에 따라 변화만 있을 뿐, 모든 것이 있는 그대로 텅 빈 허공성입니다.

41

언제가 어떤 분이 제게 물었습니다.

“만약 깨달았다는 분에게 회칼로 살을 도려낸다면 그 고통을 참을 수 있을까요?”

반항하듯 묻고 있는 그 말을 들으며 참 실소를 머금을 수밖에 없었습니다. 깨닫게 되면 아픔도 없고, 죽음도 없고, 무슨 불사신처럼 될 것이라고 생각하는 그런 발상이 참 어이가 없습니다.

도통한다는 것은 말 그대로 해석하면 ‘도’와 ‘통했다’는 말입니다. 즉 도를 알고 도를 행할 수 있다는 말입니다. 선사들이 말하는 ‘도’란 무협 영화에서 나오는 것처럼 어마어마한 것이 아닙니다. 그저 우리의 생활 자체가 ‘도’라고 말합니다. 생활 자체가 꿈속 일처럼 부질없음을 알기에 거기에 집착하지 않고 살아갈 뿐입니다. 그래서 ‘평상심’이 ‘도’라고 합니다.

따라서 도통했다고 생활이 달라진 것은 하나도 없습니다. 도통했다는 것은 그저 그 모든 행위 행위가 하나로 통했다는 말이며, 진리와 하나가 되었다는 말일 뿐입니다. 그래서 도통한 사람의 모습은 생활 속에서 그 모든 것이 하나임을 알기에 욕심낼 것도 없고, 분별할 것도 없고, 그 어디에도 메일 것도 없이 그저 툭 터진 시원한 자유만을 마음속에 느끼고 있는 사람일 뿐입니다.

도통했다 해서 인간의 영역을 벗어난 것이 아니며, 도통했다고 그 사회의 계율이나, 법률이나, 상식을 벗어나 자기 멋대로 자유대로 생활하는 사람도 아니며 더욱이 회칼로 살을 도려내도 눈만 껌벅거릴 수 있는 사람은 더욱 아닙니다. 아프면 병원 가고, 배고프면 밥 먹고, 졸리면 자는 그런 사람입니다.

42

우리의 본질은 공(空), 무아(無我)이며, 눈에 보이는 것은 공화(空華)입니다. 살아 있는 자나, 세상을 이미 뜬 자나 본질적 입장에서 보면 다 같이 존재하지 않는 환영과 같은 존재입니다. 만법이 연기에 의해서 이루어지고, 연기에 의한 것은 자체 성품이 없고, 자체 성품은 없는 것은 존재하지 않는 환영이나 꿈과 같은 존재입니다.

따라서 삶은 원망이나 미움이 있을 필요가 없습니다. 꿈속에서 누구에게 피해를 당해 괴로웠다 해도 꿈은 꿈일 뿐입니다. 또는 영화 속에서 주인공이 죽었다고 해도 영화는 영화일 뿐입니다.

우리의 삶을 본질의 입장에서 보면 꿈이나 영화 같은 것입니다. 자체 성품이 없이 업의 인연에 따라 왔다가 갈 뿐입니다. 그 본질이라는 것은 다름 아닌 자체 성품이 없는 '무아'입니다. 본래가 '무아'인데 누구를 원망하고 누구를 미워하겠습니까? 나도 없고 당신도 없는데 누구를 원망하고 누구를 미워하겠습니까? 미움이나 원망이 생길 수가 없습니다.

43

무아의 지혜를 터득하기 위해서는 우선 '내가 누구인지'를 깨달아야 합니다. '나'라고 잘못 알려진 이 신의식(身意識)은 실체가 없는 그때그때 연기에 의해 이루어진 참된 성품의 나타냄에 불과합니다. 즉 환영이며 그림자라는 것입니다. '나'라고 착각하며 살고 있는 이 '나'는 생멸이 있지만 '참된 나'는 생멸이 없는 무상(無相)이며 무주(無住)입니다. 좀 더 본질적으로 말하면 '참된 나'는 죽음이란 없습니다. 단지 변화할 뿐입니다. 물이 얼음이 되었다고 해서 물이 죽었다고 말하지 않습니다. 물이 변했다고 말합니다.

우리 인간도 마찬가지입니다. 몸은 처음부터 지수화풍으로 구성되었고 때가 되면 지수화풍으로 돌아갑니다. 정신은 수행이 부족하여 깨닫지 못하면 업에 따라 윤회할 것이고, 수행을 해서 깨달은 사람은 적멸의 세계로 들어갈 것입니다. 처음부터 그렇게 변해 왔고 앞으로도 계속해서 변해 가며 살 것입니다. 따라서 처음부터 태어남도 없고 사라짐도 없습니다. 이것이 제법무아의 진리입니다.

44

요리에 대해 백날 이야기해 봐야 요리의 맛을 알지 못합니다. 요리를 직접 해서 먹어 봐야 그 요리의 맛을 알 수 있습니다. 진리에 대한 것도 마찬가지입니다. 진리에 대해 백날 이야기해 봐야 그 맛을 알지 못합니다. 진리를 직접 깨우쳐야 왜 진리가 자유를 주는지 알 수 있습니다.

책으로 읽는 불교의 진리는 간단합니다. 무아, 공, 불성 주인공 등 이름이 다양하지만 체험을 통해 이 세상을 확실하게 그림자같이 보아 버린다면 우리들 삶 자체가 시시하게 느껴집니다. 그리고 그만큼의 무한한 자유와 희열이 있습니다. 이것은 먹어 본 사람만이 알 수 있습니다.

45

이 모든 것이 '본래무일물(本來無一物)' 제법(諸法)이 무아(無我)입니다. 모든 법이 한 물건도 없고, 나도 없고 너도 없습니다. 이것이 진실입니다. 그런데 99%의 중생들은 '자기가 있다'고 생각합니다. 그래서 욕심도 부리고, 더 많이 가지려고 하고, 더 높이 오르려고 발버둥 칩니다. 이 욕심은 금생에만 그치는 것이 아니라 죽어서도 그 욕심을 놓지 못합니다. 내가 있다는 생각 때문입니다. 그 집착이 결국 윤회를 하게 됩니다. '내가 있다'는 집착이 유식에서는 변계소집성이라고 말하고 이것이 윤회합니다.

불교의 궁극적인 지향점은 생사윤회로부터 해탈 즉 자유를 얻는 것입니다. 원래부터 없는 나를 깨달아서 윤회를 그치라는 말입니다. 그것이 깨달음입니다. 깨달음을 통해 전오식인 안이비설신(眼耳鼻舌身)이 없고, 6식인 의식(意識)이 없고, 7식인 '나'라는 생각인 말라식이 없고, 무의식의 세계인 8식 즉 아뢰아식이 없어지면 윤회의 고통에서 벗어나서 영원한 안락을 얻게 될 것입니다.

46

마당 앞에 서서
아무런 생각 없이
그 텅 빈 마음을 가만히 자연에 대어 보라
그리고
바람이 오면 바람이 되고
물이 오면 물이 되고
하늘이 오면 하늘이 되어 보라

우리는 처음부터 태어남도 없었고
죽음도 없으며
본래무일물, 무생(無生)이었다

텅 빈 마음속의
그 무생의 희열을 느껴 보라

우리가 『반야심경』만 제대로 깨우친다면 불교 공부는 더 이상 할 필요가 없습니다. 팔만사천법문이 거기에 다 요약되어 있기 때문입니다. 그중에서 핵심은 '오온개공 색즉시공 공즉시색'인데 그만큼이나 또한 중요한 단어는 '불생불멸 불구부정 부증불감'입니다. 이것이 바로 무생(無生)을 나타내는 것으로 태어남도 죽음도 없다는 말입니다. 그러면 이 몸뚱이는 무엇이냐? 바로 '참나'의 응현입니다. 즉 '참나'의 그림자라는 것입니다.

47

"사자의 그림자가 무섭습니까? 호랑이의 그림자가 무섭습니까?"라고 만약 어린애들에게 묻는다면 아이들은 '나는 사자' '나는 호랑이'라고 대답하는 아이들이 있을지 모르겠습니다. 그런데 그중에 지혜로운 아이가 있다면 '에이 그림자가 뭐가 무서워'라고 대답하는 아이도 있을 것입니다.

만약 우리 삶이 '그림자'나 '환(幻) 같은 존재' 또는 '꿈속 일'이라고 직시한 자가 있다면 우리들이 이렇게 아등바등하며 사는 모습을 보며 뭐라 할까, 궁금해집니다. 어쩌면 '그림자가 뭐가 무서워'라고 말하는 아이처럼 '참, 인간들이 어리석다'라는 생각을 할지 모르겠습니다. '한바탕 꿈속 같은 인생 속에 왜 저렇게 사나?' 하고 말입니다.

사실 지난 세월을 돌이켜 보면 한바탕 꿈속 일이었고, 그림자였고, 잠시 왔다 사라지는 구름 같은 존재였습니다. 아마 죽음 앞에 서서 돌아보는 우리 인생도 지난 세월이 그렇듯 한바탕 꿈속 일일 것이 분명합니다.

48

불교를 처음 접했을 때는 용어 때문에 조금 어려움을 느꼈을지도 모르겠습니다. 옛날부터 내려온 한자어가 많이 섞여서 그러실 것 같고, 특히 선승들의 기발한 선문답 등은 웬만큼 불교 공부를 한 사람들도 어려움을 느끼는 것이 사실입니다.

하지만 꾸준히 불교에 관심을 가지고 공부를 한다면 어느 순간 그런 용어들이 이름만 달리하고 있을 뿐, 어떤 하나를 가리키고 있다는 사실을 알게 될 것입니다. 그 하나가 체, 공, 진여, 참 자아, 참나 등으로 불리게 되는데 그것은 다름 아닌 본질을 말한다고 할 수 있습니다. 그러면 그 '본질이란 무엇인가?' 하는 생각을 하게 될 것입니다.

여기에 나무가 있습니다. 그 나무로 여러 다양한 모양을 조각하여 나무 인형을 만들었다고 생각해 봅시다. 다양한 조각 형태가 만들어졌지만 그 조각의 본질은 나무입니다. 모습과 형태만 달리했을 뿐 그 본질은 나무의 성질을 그대로 지닌 것입니다.

사람도 마찬가지입니다. 서로 얼굴과 모습은 다르지만 지수화풍이란 본질은 같습니다. 더 나아가 사람과 사물이 서로 다른 것 같지만 지수화풍의 본질이 같습니다. 물질계만 아니라 정신계도 마찬가지입니다. 이것을 본질이라 하는 것인데 만법과 본래의 성질이 둘이 아닌 '하나'라는 사실입니다.

49

'내가 없다(無我)'는 생각을 하면 참 마음이 편해집니다. 어떤 상황에서 화가 날 때 '그래, 나는 존재하지 않지'라는 생각을 하면 화가 난 상황이 좀 가라앉습니다. 또한 어떤 물건을 산다든가, 창피한 생각이 든다든가, 아니면 부정적인 생각이 들 때, 그때마다 즉각적으로 '아, 나는 존재하지 않지. 모든 것은 연기에 의해서 움직이지.'라고 생각을 하면 마음이 정말 편해집니다. 불교 용어를 빌리면 염기즉각(念起卽覺)을 하는 것입니다. 염기즉각을 하여 마음을 알아차리고, 중생심에 떨어진 마음을 불심으로 전환하는 것입니다. 그곳이 바로 안심입명처(安心立命處)입니다. 그 순간이 정토이고 극락입니다.

이것이 본질의 활용입니다. 무아를 알았다면 무아를 생활 속에서 활용해야 합니다. 미워하고 원망하는 마음만 아니라, 기쁘거나 슬플 때에도 마음이 들뜨거나 가라앉는 것을 방지하기 위해서는 '내가 없다(無我)'를 생각을 하며 평정심을 가져야 합니다. 더 나아가 극한적인 죽음 앞에서도 무아를 생각하며 담담한 마음을 가져야 합니다. 그것이 바로 생사해탈입니다. 생사해탈이라는 것이 따로 신비롭게 작용하는 것이 아닙니다.

무아로 살면 죽음에 대해 담담하게 느껴지는데 그것이 바로 생사해탈입니다.

50

우리말 문법을 보면 체언과 용언이 있습니다. 문장은 주어와 술어가 만나야 완전한 문장이 됩니다. '날씨가 덥다'라는 말이 있을 때, '덥다'라는 용언만 있으면 문장이 성립되지 못하고, '날씨가'만 있어도 문장이 성립되지 못합니다. '날씨가 덥다'라고 주어와 술어가 만나야 비로소 완전한 문장이 됩니다.

불교의 『대승기신론』에서도 체(體)와 용(用)을 말합니다. 참나, 불성, 마음자리, 본래면목은 체를 말하고 그 체를 바탕으로 움직이고, 활동하고, 생각하는 그 모든 것을 용이라고 합니다.

그런데 체와 용이 어느 한 가지만 있으면 우리나라 문법처럼 성립하지 못합니다. 『대승기신론』에서의 체와 용은 불이(不二)로서 체가 용이고, 용이 체입니다. 『반야심경』의 표현으로 바꿔 말하면 체가 공이고 색이 용입니다. 따라서 색이 곧 공이며 공이 곧 색입니다. 흔히 우리가 주문처럼 외고 다니는 『반야심경』의 색즉시공 공즉시색을 완전하게 알 때 우리는 비로소 부처님의 설법을 이해할 수 있듯이 체와 용이 불이임을 알 때 차별과 분별에서 '아뇩다라 삼막 삼보리' 즉 절대 평등을 알 수 있습니다. 다시 말하면 체와 용의 실체를 분명하게 알 때 깨달음에 한 걸음 다가섰다고 말할 수 있을 것입니다.

51

꿈은 환영입니다. 어제 일도 내 머릿속에만 존재할 뿐, 환영입니다. 따라서 어제의 일과 꿈은 똑같은 환영입니다. 그런데 사람들은 꿈 때문에 괴로워하지는 않아도 어제의 일 때문에는 괴로워하고 아파합니다. 실제로 존재했던 일이라고 생각하기 때문입니다.

하지만 어제는 분명 존재했지만 오늘은 존재하지 않습니다. 내 머릿속에 기억으로만 어제가 존재합니다. 따라서 어제의 일은 환영입니다. 미래의 일도 상상 속에서만 존재할 뿐, 실제로 환영입니다. 그리고 찰나찰나 지나가는 현재도 환영입니다. 따라서 삶은 환영입니다. 이것을 여실히 깨닫자는 것입니다. 그래서 과거도, 미래에도, 현재에도 환영이기에 집착하지 말자는 것이 불교의 핵심 색즉시공입니다.

52

'있다', '없다' 하는 것은 어느 한쪽이 반드시 존재해야 합니다. '있다'라는 말은 '없다'라는 것이 없으면 존재할 수가 없습니다. '없다'라는 말도 마찬가지입니다. '없다'라는 말은 반드시 '있다'라는 말이 있어야 존재합니다.

그러나 본질은 '있다'라고 해도 틀리고 '없다'라고 말을 해도 틀립니다. 색이 곧 공이고 공이 곧 색이기 때문입니다. 그렇다고 '색과 공이 같다'고 해도 틀립니다. 색과 공이 아예 같은 것이 아니기 때문입니다. 그렇다면 색과 공의 관계를 어떻게 불러야 할까요? 그것은 불이(不二) 즉 '둘이 아니다'라고 말을 해야 맞습니다. 둘의 관계가 서로 다른 것도 아니고, 서로 같은 것도 아니기 때문입니다.

흔히 '부처와 중생은 둘이 아니다'라는 말을 합니다. 왜냐하면 '부처와 중생은 같다'해도 틀리고 '부처와 중생이 다르다'라도 틀리기 때문입니다. '불이(不二)'라는 말 - 참, 옛사람들은 어쩌면 그렇게 본질을 적절하게 표현했는지 감탄사가 절로 나옵니다.

53

무아나 중도를 알고 있어도 생활 속에서 시비분별, 옳고 그름을 떠나지 못하고 영혼이 자유롭지 못하다면 아직은 수행이 필요한 때입니다. 아무리 많은 불교에 관한 지식과 불성을 알았다 하더라도 그것에 대한 실천이 없으면 갑 속에 든 칼과 같이 아무런 소용이 없습니다.

우리가 뭔가 집착한다는 것은 무아적 삶을 산다고 할 수가 없습니다. 무아적 실천의 삶은 진정한 방하착과 연관된 삶입니다. 내가 없는데 무엇을 욕심내고, 무엇을 집착하겠습니까? 아공, 법공의 실천 그래서 자유로운 영혼이 되는 것, 그것이 무아의 실천입니다. 물론 여기에서 경계해야 할 것은 맹목적인 무아나 맹목적인 공의 실천을 이야기하는 것은 아닙니다.

따라서 생활 속에서 시비분별, 옳고 그름을 떠나 중도 즉 무심으로 평상심을 실천하는 사람은 이미 도를 이루어 더 이상 도를 닦을 필요가 없는 사람이라 하겠습니다.

54

무심을 어떤 선사들은 거울에 비유하기도 합니다. 맑게 닦인 거울은 온 사물을 비춥니다. 거울이 사물을 비추는데 좋은 것이라고 더 비추고 나쁜 것이라고 덜 비추고 그러지 않습니다. 그냥 있는 그대로 사물을 비출 따름입니다. 옳고 그름도, 좋고 나쁨도, 높고 낮음도 없습니다. 그냥 있는 그대로 비추는 것이 거울이듯 무심도 있는 그대로의 마음을 말합니다. 그래서 무심으로 보면 산은 산이고 물은 물입니다. 따라서 무심은 불성이고 부처입니다.

무심으로 산다는 것은 아무런 집착이나 장애가 없는 부처의 마음으로 산다는 것이기 때문에 우리가 생각하는 무관심의 마음과는 전혀 다른 마음입니다. 무심은 성성적적의 마음으로 사는 것입니다. 관심과 적극성을 가지되 집착하지 않는 마음으로 사는 것입니다. 상대의 좋은 점을 찾는 것보다 내 마음속에 분별이 존재하지 않는 자리, 여여하게 살아가는 것이 무심입니다. 좋은 것도 그림자이고, 나쁜 것도 그림자이기 때문입니다.

55

분별이 있으면 온갖 것이 생생하게 태어납니다. 과거, 현재 미래가 생기고 이것, 저것들의 공간들이 나타납니다. 그리고 고통이 있습니다.

분별이 없으면 온갖 것이 사라집니다. 과거와 현재, 미래가 사라지고, 이것저것이라는 공간이 사라집니다. 그리고 고통이 사라집니다.

56

문명이 발달하면 할수록 우리의 삶은 더 팍팍하고 힘들어져 가고 있는 것은 사실입니다. 인간이 기계화되고 있기 때문입니다. 그렇게 하루하루를 힘들게 살아가는 그분들에게 '삶은 공화(空華)이다' '우리들의 눈에 보이는 이 현실은 그림자이고 메아리다'라고 수십 번을 말해 보아야 오히려 콧방귀만 뀌고 말 것입니다. '눈에 분명히 보이는 이 세상이 어찌 허공 꽃이고, 그림자이며 메아리냐?'라고 반문할 것이 분명합니다. 그분들의 말씀도 옳습니다. 그렇다고 또 옳은 것도 아닙니다. '색즉시공 공즉시색' - 있는 것이 없는 것이고, 없는 것이 있는 것이 우주의 본질이고 진리이기 때문입니다.

57

수학에서 영(0)이라는 숫자에 아무리 많은 숫자를 곱해도 영(0)인 것처럼 우리들의 사는 세상은 원래 영(0)이기에 아무리 돈 많아도 죽으면 영(0)이고, 지위가 높아도 내려오면 영(0), 낮아도(0) 건강해도 영(0), 아파도(0) - 이것이 제법무아의 진실입니다.

'내가 없음'을 확실하게 안다면 집착할 것이 없고, 집착할 것이 없으면 그게 바로 극락입니다. 무주(無住)와 무상(無相)이 얼음에 박 밀듯이 저절로 이루어지는 것입니다.

58

2천5백 년 전, 석가모니께서 설법을 하신다는 소식이 알려지자, 1천2백여 명의 대중들이 영산으로 모였습니다. 하지만 부처님은 산꼭대기에 앉아 아무 말도 하지 않았습니다. 대중들은 수군거리며 부처님이 왜 그러실까, 의아한 눈으로 바라보고 있었습니다.

그때 부처님께서 꽃 한 송이를 집어 들고 대중들에게 높이 쳐들어 보였습니다. 그러나 아무도 부처님이 들어 올린 꽃의 의미를 아는 사람이 없었습니다. 단지 마하가섭만이 빙그레 미소 짓고 있었습니다. 이에 부처님께서 말씀하셨습니다.

"이 특별한 법을 마하가섭에게 전하노라."

너무나 잘 알려진 이 이야기를 우리는 염화미소(拈華微笑)라고 하며 이심전심(以心傳心)이라고 말합니다. 문자나 언어로써 설명할 수 없는 심오한 불교의 깨달음을 마음에서 마음으로 전한다는 뜻입니다.

부처님의 들어 올린 '꽃'을 본다면 그것은 사회적 언어의 '꽃'이 아니라 문자나 언어로써 설명할 수 없는 진리를 보여 준 것입니다. 본래면목의 모습입니다. 흔히 선사들이 주장자를 들어 올리며 '이 뜻이 무엇인고?' 하는 말과 같습니다. 부처님의 꽃이나 선사의 주장자 속에는 우주가 담겨 있습니다.

일즉일체 다즉일(一卽一切多卽一) 하나가 곧 일체요 일체가 곧 하나이기 때문입니다.

59

불교 용어 속에서 진리를 표현하는 부분을 많은 분들이 헷갈려 하는 것 같습니다. 특히 우리가 흔히 사용하고 있는 '참나' '불성' '道' '부처' 등등…. 이런 말들은 각기 그 의미와 특징을 가지고 있는 것처럼 생각되는 경향이 있습니다.

하지만 그런 말들은 그 이름만 다를 뿐 모두 참된 하나(眞一) 즉 본질을 이야기하고 있습니다. 같은 의미로 사용되는 것들을 정리해 보면 다음과 같습니다.

반야경 – 보리, 열반

화엄경 – 법계

금강경 – 여래

정밀경 – 법신

기신론 – 진여

열반경 – 불성

원각경 – 총지

승만경 – 여래장

요의경 – 원각

볼살계 – 십지

그리고 조사문하에는 참 많습니다. 본래면목, 본성, 마음, 참나, 참마음, 한 마음, 道, 자기, 종안, 묘심, 주인공, 밑 없는 발우, 줄 없는 거문고, 취모검, 무위국, 보배구슬, 열쇠 없는 자물통, 진흙소, 심인, 심경…. 그리고 숭산 스님이 즐겨 썼던 '오직 모를 뿐' 등.

모두 이름만 다를 뿐 같은 참된 하나를 일컫는 말입니다. 그중에서 그래도 제일 만만하게 우리가 쉽게 알아들을 수 있는 말이 '마음'이라는 말일 것 같습니다. '마음'만 제대로 알면 모든 의미는 끝입니다.

2절 • 깨달음 편

1

우리는 본래 아무런 문제가 없습니다. 그야말로 완전합니다. 그런데 우리는 우리 스스로를 완전하지 못하다고 인식하고 있고, 또 그렇게 살아갑니다. 스스로 중생으로 폄하하여 중생으로 살아간다는 말입니다. 모두 의식이 만든 허깨비 병에 놀아나 착각 속에 살고 있음입니다.

우리는 완전합니다. 우리는 본래 완전하게 구족되어 있어 언제나 어디서나 그것을 활용하고 있습니다. 우리에게는 분명히 존재하는 불성(마음자리)이 있기 때문입니다. 불성(마음자리)은 누구에나 있습니다. 아무리 나쁜 짓을 한 흉악범에게도 존재하며, 사형수에게도 존재하며, 인간만이 아니라 동식물에게도 존재합니다. 따라서 우리는 평등합니다. 누구나 불성(마음자리)이라는 절대 평등 속에 살고 있습니다.

이것을 단번에 깨달을 때 업의 사슬로부터 벗어날 수 있습니다. 업은 원래 존재하지 않았는데, 존재한다는 착각으로 인하여 존재하게 된 것입니다. 이것이 우리가 깨달아야 하는 이유입니다.

2

깨달음의 궁극은 빈 배가 되어 무심하게 물결 따라 흘러가는 것입니다. 하지만 우리의 삶은 늘 배에 가득한 물건을 싣고 떠나기를 바랍니다. 살면서 쓸모없는 것들도 많은데 어떻게든 배에 싣고 떠나기를 원합니다. 그래도 큰 배는 큰 물건을 실어도 괜찮은데 배도 적은데 많은 물건을 실으려니 번뇌가 많아지고 생각이 많아집니다. 한마디로 욕심껏 실으려니 번뇌도 많고 갈등도 많습니다.

제가 요즘 선(禪)이라는 글자를 생각해 보니 보일 시(示) + 홀로, 하나 단(單)의 합성어가 아닐까 하는 생각을 해 보았습니다. 즉 선(禪)이라는 것은 '단순하게 보고, 단순하게 듣고 단순하게 먹고사는 것'이라는 말로 정의를 내렸습니다. 단순하게 살다 보면 번뇌와 갈등은 그만큼 적어지는 것 같습니다. 깨달음이 무슨 거창한 것이 아닙니다. 그저 강물 위에 빈 배가 되어 물결 따라 무심하게 흘러가면 그것이 깨달음입니다.

3

빨간 색안경을 쓰고 세상을 보면 온 세상이 빨갛습니다. 파란 색안경을 쓰고 세상을 보면 온 세상이 파랗습니다. 어느 한 종교의 색안경이나, 어느 한 종교의 사상이나, 어느 한 지역의 편견의 색안경을 쓰고 보면 온 세상이 모두 그렇게 보입니다.

우리는 색안경을 벗고 가지각색의 다양한 색상이 존재한다는 사실을 깨달아야 합니다. 깨달음이란 별것 없습니다. 고정 관념이라는 색안경을 벗고, 있는 그대로를 볼 수 있으면 그것이 깨달음입니다.

4

학문적으로 깨달았든, 실참으로 깨달았든, 깨달은 것은 깨달은 것입니다. 단지 아기 낳을 때 고통스럽다는 것을 지식으로 아는 것과 직접 아기를 낳아 본 사람의 차이가 있긴 하지만 고통스럽다는 것을 안다는 다 같은 것입니다.

하지만 '얼마나 고통스럽냐?'라고 물을 때 직접 낳아 본 사람은 그 느낌을 알지만 지식으로 안 사람은 그 아픔을 설명할 수가 없습니다. 깨달음도 마찬가지입니다. 깨달음을 실참으로 몸소 체험해 본 사람은 그 맛을 알지만 체험하지 않고 지식으로 안 깨달음은 어떤 질문이 왔을 때 거기에 답변을 할 수 없다는 말입니다. 깨달음은 절대적으로 자기만이 아는 것이라서 깨달음을 보편적인 학문으로 이야기하는 것은 아기 낳을 때 고통스럽다는 정도만 말한다는 의미입니다.

그런데 사실 깨달음은 언어로 얼마나 아픈가를 설명할 수가 없는 것처럼 언어로 표현할 수 없는 '이것'입니다.

5

우리 불자들은 '깨달음'에 대한 어떤 환상을 갖고 있는 경우가 있습니다. 깨닫기만 하면 뭔가 이 세상과 확연히 달라진 그 무엇인가가 존재할 것만 같은 착각을 하고 있습니다. 마치 신적인 존재가 되어 과거, 미래가 한눈에 들어오고, 그야말로 죽음을 초월하여 영원의 세계에 살 것이라는 생각을 하는 것입니다.

하지만 그것은 진실로 '깨달음'에 대한 오해입니다. 진리 즉 법(法)을 깨치는 것은 무슨 특별한 것을 깨치는 것이 아니고, 모든 사람들이 똑같이 갖추어져 있는 것을 안다는 의미입니다.

법은 상하좌우, 빈부귀천이 있는 것이 아닙니다. 생명이 있는 것이든 생명이 없는 것이든 모든 것들에게 똑같이 존재하고 있으며, 오는 것도 없고 가는 것도 없는 것이 바로 지금 여기에서 무엇을 하든 드러나고 있는 것이 법입니다. 그리하여 깨달음이란 바로 그 법을 안다는 것일 뿐, 무슨 특별한 일이 있는 것도 아니고, 깨달았다고 하여 무슨 특별한 일이 벌어지지 않습니다. 깨달아서 얻는 것은 그저 마음이 편안해지는 '안심입명처'의 여여한 삶을 산다는 의미일 뿐입니다.

'깨달음'에 어떤 특별한 의미를 부여하는 종교가 있고, 또 그렇게 말하는 사람이 있다면 그것은 거짓이고, 사이비입니다.

6

요즘 깨달음에 대해 생각하는 것은 '언어나 문자로 백날 깨달음을 이야기하는 것이 무슨 의미가 있겠는가?' 하는 생각입니다. 그런 것들은 '요리는 이렇다' 하고 쓰여진 요리 책에 불과하며 깨달았다고 법문하는 것도 요리사가 TV에 나와서 요리 이야기하는 것이나 마찬가지입니다.

중요한 것은 스스로가 얼마나 탐진치에 자유롭고 세상일에 초연한가? 하는 것입니다. 아무리 깨달았다고 해도 세상일에 장애가 있고 자유롭지 못하다면 범부나 다를 것이 뭐가 있습니까? 다른 사람은 속여도 스스로는 알 것이 아닙니까? 따라서 세상에 깨달은 사람들에게 묻고 싶습니다.

"당신은 진정으로 자유롭습니까?"

여기에 자신 있게 '예'라고 하는 사람은 진정 깨달은 사람이고, 그렇지 못한 사람은 입만 깨달은 사람입니다. 따라서 깨달은 사람은 누구도 알지 못합니다. 본인만 알 뿐입니다.

7

가끔 깨달음을 인정받으려고 애를 쓰는 분들을 만나봅니다. 화두를 들고 와서 깨우친 바를 이야기하기도 하고, 공안과 선문답을 풀어서 깨우침을 인정받으려 하고, 또한 자기 나름의 지혜를 말하여 깨우침을 인정받으려 합니다.

그런데 무엇 때문에 깨달음을 남에게 인정받으려고 애를 쓰는지 이해가 되지 않습니다. 물론 공부한 바를 인정받고 싶은 심리도 있고, 자기의 공부가 어느 정도 되었는지 확인하고 싶은 심리도 있을 것입니다. 그래서 옛 선사들은 제자들에게 화두를 던져 제자들이 어느 정도 익혔는지 시험해 보기도 했습니다.

하지만 깨달음을 남에게 인정받으려고 애를 쓰는 것, 바로 그것이 그가 깨닫지 못했다는 증거이기도 합니다. 설령 화두를 깨치고 선문답을 술술 말할 수 있다고 하더라도 그는 머리만 깨달았지 가슴으로 무아, 무심이 되지 못한 것입니다. 그래서 쓸데없이 남이 알아주기를 바라고, 남들이 자기의 깨달음을 알지 못한 것에 대해 화가 나는 것입니다.

진정으로 깨달아 무아, 무심이 되었으면 유의적으로 무엇을 하려 하는 마음이 없어질 것입니다. 그냥 흘러갈 뿐입니다. 욕망이 사라지기 때문에 삶이 그저 즐거울 뿐이고, 깨닫고 깨닫지 못한 것에 아무런 문제를 갖지 않을 것입니다. 내가 완전함을 아는데 무슨 욕심이 있겠습니까? 완전함을 모르기 때문에 남에게 인정받으려고 애를 쓰는 것입니다.

8

부처가 마음 밖에 외부에 있는 것이 아닙니다. 바로 본질 즉 무아, 공, 참 자아, 본래면목, 참 주인공, 진여, 불성 등등이라 불리는 그 본질을 깨닫고 그 본질의 지혜를 활용하여 지금 여기에서 자기 일을 하면서 살아가는 것이 부처입니다. 성냄이나 욕심이 날 때 '나 없음' 즉 무아(無我)의 지혜를 활용하여 순간순간 일어나는 경계를 슬기롭게 무마시켜 가는 것이 부처입니다.

9

아주 높은 곳에서 창밖 거리의 풍경을 바라봅니다. 창밖으로 보이는 인물들은 끊임없이 왔다가 사라지고 있습니다. 그 모습은 어제도, 오늘도, 내일도, 변함없이 왔다가 사라집니다. 그처럼 우리 인생도 멀리서 보면 참 별것 아닙니다. 모든 것이 변함없이 똑같은 모습으로 사는 것이 우리네 삶이고 우리네 인생입니다.

하지만 우리의 삶을 좀 더 자세히 들여다보면 같은 것은 하나도 없습니다. 같은 얼굴도 없으며, 같은 삶도 없으며, 같은 시간도 없으며, 같은 사건도 없습니다. 매 시간, 매 순간, 매 찰나가 다릅니다. 약간씩 비슷비슷해도 같은 모습의 삶은 하나도 없습니다. 여기에서 삶은 즐거움이자, 고통이자, 경이이자, 아픔입니다. 한마디로 희로애락의 삶입니다.

우리가 '렌즈를 어디에 두느냐'에 따라 삶의 방향이 달라집니다. 렌즈를 멀리하여 삶을 전체적으로 통찰하며 사는 삶과, 렌즈를 가까이하여 희로애락의 삶으로 사는 삶이 있습니다. 렌즈를 멀리하는 삶은 밋밋하지만 평화가 있고, 렌즈를 가까이하는 삶은 희로애락이 있지만 고통이 있습니다. 렌즈를 멀리하면 전체적인 삶의 모습을 볼 수 있어서 좋은데 삶이 재미없는 영화 같고, 렌즈를 가까이하면 삶의 희로애락을 직접 피부로 느끼며 살겠지만 전체적인 삶이 무엇인지도 모른 채 살아가는 어리석음을 가질 수 있습니다. 즉 전체적인 숲을 보면 나무의 모습을 알 수가 없고, 나무만 보면 숲의 모습을 알 수가 없습니다.

이런 상황에서 우리들은 어디에다 렌즈를 두고 살아야 하는지 고민이 아닐 수 없습니다. 숲을 보고 사느냐? 아니면 나무를 보고 사느냐? 물론 숲도 보고 나무도 보면서 산다면 더할 나위 없겠지만 대부분의 사람들은 렌즈를 가까이하여 현실에 눈을 두고 살아갑니다. 즉 숲을 보기보다도 나무를 보며 살아갑니다. 인생이라는 전체적인 삶의 모습보다도 당장 눈앞에 보이는 돈, 사랑, 명예, 권력 등에 관심이 많습니다. 머릿속으로는 고통이 없는 평화를 그리면서도 실제의 삶은 아픔은 있지만 흥미진진한 희로애락의 삶을 원하면서 살아갑니다. 그중 생의 삶이 훨씬 재미있고 활기차기 때문입니다.

그렇다면 깨달음에 뜻을 두고 수행하는 사람들은 과연 어디에다 삶의 포커스를 맞추고 살아야 좋을까? 물론 당연히 수행자라면 렌즈를 멀리하여 삶의 전체적인 것을 통찰하는 곳에 포커스를 맞추어야 할 것입니다. 인생의 숲을 보지 못한 수행자는 깊은 지혜가 생길 리가 만무하기 때문입니다.

10

깨달음을 이론적, 학문적으로 개념화하려는 것은 조금 조심해야 할 것 같습니다. 간혹 불교적 깨달음과 인도적 깨달음을 분별하는 학문이 있습니다. 그것은 마치 똑같은 서해안에서 잡은 물고기를 중국인이 잡으면 중국산, 한국인이 잡으면 한국산 물고기라고 말하는 것과 같습니다.

인도식 깨달음은 어떻고, 불교적 깨달음은 어떻습니까? 깨달음을 학문적으로 개념화하려니 그런 현상이 있는 것 같습니다. 본성은 안다는 것은 언제, 어디서 있던 다 같은 하나입니다.

11

매일 『무문관』이 주는 행복과 함께합니다. 오늘은 『무문관』 중에서 제가 좋아하는 선문답 하나를 소개할까 합니다.

승려들이 청량 대사에게 설법을 들으러 왔다. 대사는 손으로 발을 가리켰다. 그때 두 승려가 함께 가서 발을 말아 올렸는데, 대사가 말했다.

"한 사람은 얻었고, 한 사람은 잃었다."

두 승려가 똑같이 발을 말아 올렸는데 누구는 얻었고, 누구는 잃었다고 합니다. 왜 이런 말을 청량 대사는 했을까요? 참 멋진 선문답입니다.

옛말에 '한로축괴 사자교인(韓獹逐塊 獅子咬人)'이라는 말이 있습니다. '한나라 개에게 흙덩이를 던지면 개는 흙덩이를 좇아 달려가고, 사자에게 흙덩이를 던지면 사자는 되돌아 흙덩이를 던진 사람을 문다'라는 뜻입니다. 다시 말하면 언어에 매달리지말고 본질을 보라는 뜻입니다.

위 청량 대사의 선문답도 언어에 매달리지 말고 본질로 곧바로 직지인심(直指人心)하면 그 해답을 얻을 수 있습니다. 특히 중도의 의미를 생각해 보는 계기가 되었으면 좋겠습니다. 얻음과 잃음의 차이는 무엇이며, 얻음과 잃음의 바탕을 이루는 것이 무엇입니까?

12

어떠한 상황이 와도 원리 원칙과 전통을 지키고자 하는 사람을 흔히 '보수주의자'라고 말하며, 원리나 원칙 그리고 전통에서 벗어나 자유롭게 새로움을 추구하는 사람을 '진보주의자'라고 말합니다. 보수와 진보의 갈등은 어느 나라, 어느 시대를 막론하고 존재하며, 이 두 축의 사상적 논쟁이 세계의 역사를 이끌어 왔다고 해도 과언이 아닙니다. 물론 우리나라 같은 경우는 보수와 진보가 개인적인 사상이나 철학에 기초하지 않고, 특정 지역이나 특정 인물에 따라 정해지는 좀 웃기는 보수와 진보입니다만 그래도 아무튼 그 양축이 상호 견제를 통해 우리나라 민주주의를 이만큼이나 발전시킨 것은 사실입니다.

이러한 보수와 진보를 불교의 역사에 대입시켜 보면 부처님 시대의 계를 지키려는 소승(남방 불교)과 그 계에서 벗어나 시대와 장소에 따라 변형시켜 온 대승(북방 불교)이 있습니다.

그런데 이런 보수나 진보 또는 소승과 대승을 모두 포함하면서, 그것들로부터 모두 떠나고자 한 세력이 있으니 그것은 바로 깨달음을 추구하는 수행자들입니다.

이런 보수나 진보를 함께 묶어 화엄학적 용어로 말하면 사(事)라고 할 수 있으며 그 사(事)를 이루게 하는 근본을 이(理)라고 말합니다. 그런 이사(理事)를 포함하면서 그것들로부터 자유로워지는 것은 이사무애법계(理事無礙法界)라 하는 깨달음이며, 그 이사무애법계를 생활 속에서 실천하여 마음이 자유로워진 것을 사사무애법계(事事無礙法界)라고 말합니다.

따라서 깨달음이란 진보나 보수의 세상일을 포함하면서 그것들의 분별이나 집착으로부터 자유로워지고자 하는 것을 깨달음이라 말합니다.

13

우리 속담에 '알면 병'이라는 말이 있습니다. '차라리 모르는 게 낫지, 알면 그때부터 속이 썩는다'는 말입니다. 다이아몬드를 발견하기 전, 아프리카 아이들은 다이아몬드를 돌처럼 가지고 장난하며 놀았다고 합니다. 그러나 침입자들에 의해서 그 돌들이 값비싼 다이아몬드라는 것을 알고부터 그들의 순수함은 사라졌습니다. 그것을 더 가지기 위해 싸움이 시작되었습니다. 모를 때는 순수했는데 알면서부터 싸움이 시작된 것입니다.

언어도 마찬가지입니다. 언어로 표현하기 이전의 세상은 다이아몬드도 없고, 금도 없고, 돈도 없는 그야말로 본래 그 자리, 순수한 세계였습니다. 하지만 언어가 발전하면서 사물들이 언어로 개념화되고, 명사화되면서 인간은 분별과 차별의 역사기 시작되었습니다. 사람과 물건 사이에 위아래가 생기고, 높낮이가 생기고, 좋고 나쁨이 생기고…. 그럼으로 인하여 우리 인간은 더 많이 갖기 위해, 더 높이 오르기 위해, 경쟁의 고통이 시작되었습니다. 인간의 번뇌가 언어로 인하여 심화된 것입니다.

이런 오염된 언어로부터 언어 이전의 세계로 돌아가자는 것이 우리 선불교의 목적입니다. 언어로부터 심화된 그 분별과 차별에서 벗어나 누구나 절대 평등한 세계(아뇩다라 삼막 삼보리), 본래 순수한 행복한 정토의 세계로 돌아가자는 것이 바로 그것입니다. 따라서 언어 이전의 세계는 언어로부터 오염되지 않은 본래 순수한 세계! 다른 말로 극락정토를 말합니다. 이 길로 가기 위해 부처님께서는 연기법 사성제, 팔정도를 제시하였고, 선사들은 선을 통해 언어 이전의 세계 즉 본래면목, 본질로 돌아가는 방법을 제시하였습니다.

그런데 문제는 우리 불자 중에 많은 분들이 그 극락정토가 우주의 어느 한 공간에 존재할 것이라는 생각을 하고 있다는 것입니다. 그것은 신앙과 관계되기 때문에 말하지 않겠습니다. 단지 부처님 당시도 그런 말이 없었고, 수많은 각자들도 그런 말이 없었고, 선사들도 외부의 극 정토를 말하지 않았다는 사실입니다.

그러면 언어 이전의 본래면목, 정토의 세계는 어디에 존재하는가?

그곳은 바로 우리 마음에 있습니다. 차별과 분별을 하는 것도 우리 마음이고, 분별과 차별에서 벗어나는 것도 우리 마음입니다. 아뇩다라 삼막 삼보리(절대 평등)가 마음에 있고, 언어 이전의 세상도 우리의 이 마음속에 있습니다. 밥 먹고, 화장실 가고, 일하고, 차 마시고, 이야기하는, 그 모든 행위가 이 마음입니다. 그리고 그것들을 움직이게 하는 본래의 마음도 이 마음에 있습니다. 정토가 우주 어디엔가 존재하는 것이 아니라 이 마음에 있습니다. 육도 윤회가 이 마음속에 있고, 육도 윤회를 벗어나는 것도 이 마음속에 있습니다. 그야말로 일체가 유심입니다. 이런 마음을 깨쳐서 번뇌로부터 해탈, 내 마음속에서 극락정토를 이루고자 하는 것이 우리 불교의 본래 목적인 것입니다. 번뇌 속에 자유가 있습니다.

내가 그의 이름을 불러 주기 전에는
그는 하나의 몸짓에 지나지 않았다

내가 그의 이름을 불러 주었을 때
그는 나에게 와서 꽃이 되었다.

- 김춘수, 「꽃」 중에서 -

14

우리 불자들은 조사나 큰스님들의 말에 따라, 그 말을 그대로 믿는 경우가 많은 것 같습니다. '깨달음이 있다' 하면 깨달음이 있는 줄 알고 '깨달음은 없다' 하면 그 말을 그대로 믿어서 깨달음은 없는 줄 압니다. 선사들이 부처가 있다고 하면 부처가 있는 줄 알고, 또 부처가 없다고 하면 부처가 없는 줄 압니다. 그래서 다른 사람들에게도 그렇게 포교하고, 그렇게 말을 하고 다니는 사람들도 있습니다. '부처가 있다' 하고, '부처가 없다' 하고, '깨달음이 있다' 하고 '깨달음이 없다' 하고.

그런데 그런 말을 따라가지 말고, 근본을 보라는 것이 선의 사상입니다. 『무문관』의 모든 화두들이 그렇습니다. '부처가 없다'는 사람을 가르치기 위해서 조사들은 '부처가 있다'라고 말합니다. '부처가 있다'는 사람을 가르치기 위해 '부처가 없다'라는 말을 합니다. '있다' '없다'를 떠난 본래 그 자리를 가르치고 싶어서 그렇습니다. 말 이전의 소식을 깨우치기 위해 그렇습니다. 언어도단의 본질을 깨우치기 위해 그렇게 선사들이 장난을 하고 있는 것입니다.

제가 예전에 '나무로 만든 말이 천 리를 간다'라는 말을 페북에 쓴 적이 있습니다. 이 말을 그대로 따라가는 사람은 '도대체 무슨 말이냐? 나무로 된 말이 어떻게 천 리를 가?'라고 반문합니다. 하지만 그 언어에 따라가지 않고 바로 본질을 아는 사람은 이 말이 무슨 뜻인지 즉시 압니다.

솔직히 어떻게 나무로 된 말이 천 리를 갑니까? 다 언어로 만든 장난입니다. 토끼 뿔이니, 거북이 털이니, 진흙 소니, 돌 처녀가 임신했니… 하는 말들도 다 마찬가지입니다. 모두 언어의 장난입니다. 왜? 언어 이전을 것을 가르치기 위해 그런 장난을 하는 것입니다. 『무문관』에 나오는 말들이 다 그렇습니다. 다시 말하면 '언어에 따라다니지 말고 본질을 깨달아라'라는 뜻입니다. 그래서 깨달음이 '있다, 없다' 이 말에도 속지 말아야 합니다.

15

절에 가면 벽면에 소 그림이 그려져 있는 것을 보았을 것입니다. 그것이 바로 십우도입니다. 십우도는 소의 말 없는 정진력과 힘 있는 생명력으로 깨달음을 소를 통해 시각화한 것이 십우도입니다. 그 그림은 다음과 같이 그려져 있는데 그것은 선 수행의 단계를 말합니다.

제1 소의 자취를 찾는 심우(尋牛)
제2 발자국을 본 견적(見跡)
제3 자취를 따라 찾아가 소를 보게 된 견우(見牛)
제4 소를 잡았으나 아직 뜻대로 다루지 못하고 채찍을 가하는 득우(得牛)
제5 뜻대로 길들여져 스스로 사람을 잘 따르는 목우(牧牛)
제6 소를 타고 피리 불며 집으로 돌아오는 기우귀가(騎牛歸家)
제7 소를 타고 집에 돌아오니 소는 사라지고 사람만 한가로운 망우존인(忘牛存人)
제8 소도 없고 사람마저 텅 빈 인우구망(人牛俱忘)
제9 본래 청정하여 더 닦을 일이 없는 경지 반본환원(返本還源)

제10 거리에 들어가 사람들과 더불어 사는 속에 성불하도록 하는 입전수수(入纏垂手)

여러분은 어느 단계쯤 되십니까? 아마 소가 있다는 사실조차 모르거나, 설령 안다고 해도 소를 찾아 떠난 사람은 많지 않을 성싶습니다.

참으로 깨달음의 길은 어려운 길인 것 같습니다. 제 생각에 진정으로 '깨달았다'라고 말할 정도는 적어도 8번 정도는 되어야지 않을까 하는 생각이 듭니다. 소도 사라지고 사람마저 사라져 버린 단계 - 인우구망(人牛俱忘).

16

창문 너머 뭉게구름을 본다
하얀 솜털 같은 모습이다
마음을 가만히 그 구름 위에 대어 본다
점차 생각이 사라진다
있는 그대로의 마음이 드러난다
청정하고 맑고 깨끗한 자연의 마음이다

아무것도 가지지 않았다는 것은
있는 그대로 전부를 가졌다는 의미이다

17

'번뇌가 보리(깨달음의 지혜)'라는 말이 있습니다. 이 말은 번뇌만 보리가 아니라, 일상이 보리라는 이야기입니다. 번뇌도 보리이고, 지혜도 보리이고, 멀리 보이는 나무도 보리이고, 미움, 사랑이…… 모두 보리입니다.

흔히 선사들이 주장자 하나를 든다든가, 손가락 하나를 들어서 진리를 말하는 경우가 있는데 모두 다 본질적인 보리를 뜻합니다. 주장자에 무슨 의미가 있는 것이 아니고, 손가락에 무슨 의미가 있는 것이 아니고, 똥막대기에 무슨 의미가 있는 것이 아닙니다. 일상이 모두 보리라는 이야기를 하는 것입니다.

따라서 얻음과 잃음에 무슨 차이가 있는 것이 아니고 본질적으로는 불이(不二)여서 모두 같은 의미입니다. 한 사람이 발을 올렸든, 한 사람이 발을 내렸든 모두 다 보리입니다. 하지만 중생들은 얻음을 생각하면 기분이 좋고, 잃음을 생각하면 기분이 나빠집니다. 이것이 중생과 부처의 차이입니다.

중생이 '얻음과 잃음이 모두 보리이다'라는 것을 설령 지식적으로 안다고 해도 실생활에서의 중생은 '얻음과 잃음'을 같게 생활하지 않습니다. 불교적 지식으로 불이(不二)를 알지만 실생활에서 얻음을 생각하면 기분이 좋고, 잃음을 생각하면 기분이 나빠집니다.

하지만 '얻음과 잃음'이 같음을 체험하고 나서, 꾸준하게 실생활 속에서 '얻음과 잃음'이 같음을 생각하며 생활한다면 어느 날 자신도 모르게 얻음과 잃음이 같이 느껴지기 시작할 것입니다. 그것이 바로 중도입니다. 어느 곳에도 치우치지 않고 양변을 여의어서 평상심이 모두 도라고 생각하는 지점이 바로 중도의 세계인 것입니다. 그때야 비로소 인간들에 대한 지극한 자비심도 일어나게 될 것입니다.

업은 있되 업은 없으며
윤회가 있되 윤회가 없습니다.
내가 있되 내가 없으며,
만법은 있되 만법이 없습니다.

이것만 제대로 깨우친다면 그 많은 불경도 필요 없고, 불교 공부도 끝인 견성이며, 그 견성을 토대로 실생활에서 그것을 실천하면 성불입니다.

어떻게?

내가 있는 생활에서 내가 없는 생활로
만법이 있는 생활에서 만법이 없는 생활로

더 간단하게 말하면
중생심에서 불심으로.

18

'깨달음은 없다'라고 말한 선사가 있습니다. 이 말을 그대로 받아들여서 진짜로 깨달음도 없는 것으로 말하는 사람들이 있습니다. '깨달음은 없다'라는 선사의 말은 사실 '궁극적으로 깨달았다는 생각조차도 놓아 버리라'는 말입니다. 그런데 이것을 잘못 받아들여서 '깨달음도 없다'라고 말하고 다니는 불자가 있다는 것은 잘못입니다. 그리고 더 나아가 그런 깨달음을 말하는 분들에게 '사기이다'라고까지 말하는 불자들도 간혹 있습니다. '깨달음은 없다' 그리고 '깨달음이 사기'라면 분명 부처님의 깨달음도 사기입니다.

견성은 분명 존재합니다. 견성의 내용은 소승은 연기와 무아이며, 대승은 공이며『금강경』의 핵심인 무상과 무주이며,『화엄경』은 일체유심이며, 선불교는 본래면목 여기에서 더 나아가 체와 용 즉 깨달음의 실천까지를 말함입니다. 지금, 여기 이것(자기의 본분사)을 불심(무심 본래심)으로 행함을 말합니다.

하지만 연기나 무아, 공, 무상, 무주, 본래면목… 등은 그동안 수십 번 말했지만 문자만 다를 뿐, 다 같은 의미입니다. 단지 이것을 머리로 이해하지 말고 확철하게 깨우쳐서 흔들림이 없어야 합니다. 조금도 의문이 없이 확실하게 몸으로 깨우쳐 명백했을 때, 우리는 그것을 깨달음이라고 말합니다. 신비주의자들은 깨달음 하면 숙명통 같은 육신통이 있어야 한다고 말함인데 그것은 아닙니다.

그래서 견성이 대단한 것이 아니고 코 만지는 것보다 쉽다고 말하는 것입니다. 하지만 견성을 백날 했다고 해도 그것을 실천하지 않으면 아무 필요가 없습니다. 견성은 십우도의 비유를 들면 겨우 소를 본 것에 불과합니다.

실생활에서 무아, 무주, 무상을 실천해 나가야 합니다. 깨달음이 없는 즉 깨달음조차 놓아 버리는 진정한 무아가 될 때 우리는 모든 집착과 분별에서 벗어나 진정으로 자유와 평화를 느끼게 됩니다. 그때 우리는 비로소 성불을 했다고 말합니다.

19

1990년대에는 정신세계가 활발했습니다. 그중에 B.S 라즈니쉬가 꽤 유명했는데 저 역시도 라즈니쉬에 푹 빠져 있었던 적이 있습니다. 라즈니쉬가 한 말들은 많은데 오랫동안 내 기억 속에서 지워지지 않는 말은 '전체적으로 살라'라는 말입니다. 그때 당시에는 이 말을 잘 이해하지 못했습니다. '도대체 전체적으로 어떻게 살라는 말인가?' 여러 가지로 사유를 해 보았지만 '겉으로 보이는 이 삶이 전부'라고 생각했던 그 당시에는 그 말을 이해한다는 것이 불가능했습니다. 그런데 지금 생각해 보면 각자(覺者) 입에서 나오는 당연한 말이 아닐 수 없습니다.

"전체적으로 살라."

이 말을 불교적 용어로 바꾸어 보면 '본성 또는 연기나 무아를 실천하며 살아라'라는 표현이기도 합니다. 연기, 무아, 무상, 무주, 본성, 본래면목 참나로 살라.

사람들은 누구나 자기 편리한 대로, 자기 이익이 되는 대로, 자기의 잣대대로 사물을 보려고 합니다. 그래서 거기에 자기의 뜻과 맞으면 선(善)이고, 자기 뜻에 맞지 않으면 악(惡)으로 단정합니다. 호랑이는 사슴을 잡아먹습니다. 그게 자연의 법칙입니다. 하지만 사슴 입장으로 보면 호랑이는 악으로 단정할 수밖에 없습니다.

대체로 우리의 삶은 호랑이 편을 들거나 아니면 사슴의 편을 들며 싸움을 하며 이 삶을 이어 갑니다. 노사(勞使)가 그렇고, 진보 보수가 그렇고, 지배와 피지배가 그렇고……. 대체로 사람들은 자기가 이익이 있는 쪽으로 편을 듭니다. 이것이 보통 사람들의 삶입니다.

하지만 호랑이 입장과 사슴의 입장을 잘 알고 있는 사람은 그들의 관계를 이해합니다. 그저 자연의 법칙이라고 우주의 법칙이라고 이해합니다. 선도 없고, 악도 없습니다. 노사도 없고, 지배와 피지배도 없습니다. 전체적으로 사는 것입니다. 불교적 입장으로 보면 그것을 연기라고 말합니다. 네가 있기에 내가 있고 내가 있기에 네가 있습니다.

우주를 움직이는 법칙은 인과입니다. 한 치의 착오도 없이 인과에 의해서 움직입니다. 하지만 전체적인 눈으로 보면 인과는 없습니다. 인과는 있되 인과는 없으며, 선악은 있되 선악은 없습니다. 전체적으로 보면 그렇습니다. 부모가 말썽 피우는 자식이나 공부 잘하는 자식이나 모두 다 내 자식이듯 말입니다.

그 인과에서 벗어나는 눈을 키우는 것이 바로 윤회를 벗어나는 길입니다. '전체적으로 보는 눈'을 키우는 것이 업을 소멸시키는 길입니다. 전체적인 사고로 보면 선도 없고, 악도 없습니다. 있음도 없고, 없음도 없습니다. 그저 일어날 뿐입니다.

20

옛날의 한 농부의 아내가 밥을 지으려고 부엌에 들어가니 불씨가 꺼져 있었습니다. 그녀는 등불을 들고 먼 이웃집으로 가서 불씨를 얻어 왔습니다. 이것을 본 딸이 엄마를 바라보며 말했습니다.

"엄마! 그 등불을 가지고 불을 붙이면 되는데, 뭐 하러 고생스럽게 먼 곳까지 갔다 와?"

농부의 아내는 그 말에 그제야 눈치챘습니다.

"아차! 이 등불도 불이지…."

이것이 조지등시화(早知燈是火)라는 중국 고사입니다.

선사들은 부처를 먼 곳에서 찾지 말고 '내가 부처'임을 알라고 말합니다. 그런데 우리는 '내가 부처'임을 알지 못해서 먼 곳에서 부처를 찾아 헤맵니다. 내 손에 등불을 들고도 먼 곳에서 불씨를 찾아 헤매는 농부의 아내처럼. 그것은 불씨와 등불은 하나인데 불씨와 등불은 사용 용도가 다르니까, 원래부터 다르다고 생각해 왔던 우리의 고정 관념 때문입니다.

부처는 깨끗하고 청정함만이 아니라, 무명도 부처의 지혜이고, 번뇌도 또한 깨달음이며, 생사가 바로 열반입니다. 지금 있는 그대로 부처 아닌 것이 없습니다.

우리는 부처를 먼 곳에서 찾지 말고, 내 안의 부처를 깨달아 지금 여기에서 즐겁게 살아야 할 것 같습니다(여기서 부처는 석가모니라는 고유명사가 아닌 보통 명사이며, 진리이며, 도이며, 무한 자유와 해탈을 의미합니다).

21

불교의 목적은 이 세상을 환(幻)으로 여실히 보아 업의 윤회를 어떻게든 이 생에서 끊어야 한다는 것을 목표로 하고 있습니다. 앞서간 선지자들은 이 말을 수도 없이 말해 왔습니다. 붓다는 『금강경』에서 세상은 마치 꿈과 같고, 환과 같고 물거품과 같다고 했고, 예수는 '헛되고, 헛되고 헛되다.'고 말을 했습니다.

그렇지만 사람들은 성자들의 말들을 알고 있지만 행동하지 않습니다. 이 세상이 도대체 왜 꿈이고 환인지를 알지 못합니다. 산하대지가 이렇게 분명히 존재하는데 왜 꿈이라고 말하는지 이해할 수가 없다는 말입니다. 그 이유는 불교적 용어로 무명에 쌓여 있어서 실상을 제대로 보지 못했기 때문입니다.

불교는 심법(心法)입니다. 마음에 비친 법이라는 이야기입니다. 설령 심법이 아니다 하더라도 삼라만상은 인연에 의해서 존재하는 것일 뿐, 혼자 존재하는 것은 없습니다. 모든 생물은 공기가 단 몇 분만 없어도 존재하지 못합니다. 그처럼 모든 것은 관계 속에서 인연에 의해 존재합니다.

그 인연에 의해 우주를 존재하게 하는 그 보이지 않는 세계가 바로 본래의 참나입니다. 다른 말로 불성이라 하고 본성, 본래면목이라고도 합니다. 우리들은 그들이 비친 그림자일 뿐입니다. 쉽게 말하면 물과 물결의 관계라 할 수 있습니다. 물이 바람에 인연 따라 만들어진 것이 물결입니다. 하지만 그 물결은 금방 바람에 따라 사라지는 물입니다. 본성에 비친 잠시 인연에 따라 만들어진 구름이자 환영이자 이슬입니다. 여몽환포영. 이것이 실상입니다.

22

강을 건너고 나면 뗏목을 버려야 하는 것처럼 공부가 어느 정도 되었으면 팔만사천법문이나 경전들도 모두 태워 버려야 합니다. 그런 것들은 죽은 언어나 문자입니다. 지금 여기에서 이것을 생생하게 느끼면 됩니다. 싱싱하게 팔딱팔딱 뛰는 자유를 맛보며 살아야 합니다. 백날 천 날 깨달음에 대해 이야기해 보아야 깨달음은 얻어지지 않습니다.